LUCRÈCE BORGIA

PAR
VICTOR HUGO

ILLUSTRÉ DE HUIT DESSINS
PAR FOULQUIER & RIOU

45 CENTIMES L'OUVRAGE COMPLET

PARIS
J. HETZEL, ÉDITEUR, 18, RUE JACOB

LUCRÈCE BORGIA

PAR

VICTOR HUGO

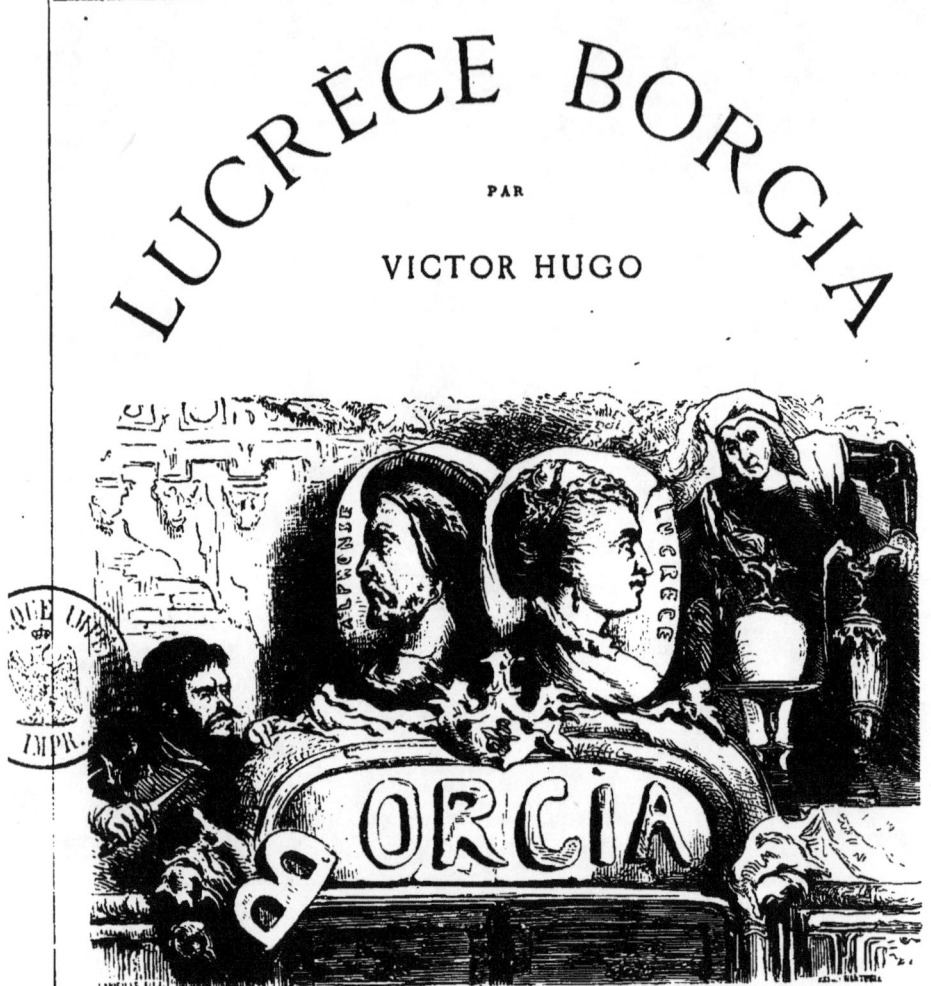

PRÉFACE.

Ainsi qu'il s'y était engagé dans la préface de son dernier drame, l'auteur est revenu à l'occupation de toute sa vie, à l'art. Il a repris ses travaux de prédilection avant même d'en avoir tout à fait fini avec les petits adversaires politiques qui sont venus le distraire il y a deux mois. Et puis, mettre au jour un nouveau drame six semaines après le drame proscrit, c'était encore une manière de dire son fait au présent gouvernement : c'était lui montrer qu'il perdait sa peine ; c'était lui prouver que l'art et la liberté peuvent repousser en une nuit sous le pied maladroit qui les écrase. Aussi compte-t-il bien mener de front désormais la lutte politique, tant que besoin sera, et l'œuvre littéraire. On peut faire en même temps son devoir et sa tâche ; l'un ne nuit pas à l'autre. L'homme a deux mains.

Le Roi s'amuse et Lucrèce Borgia ne se ressemblent ni par le fond ni par la forme, et ces deux ouvrages ont eu, chacun de leur côté, une destinée si diverse, que l'un sera peut-être un jour la principale date politique, et l'autre la principale date littéraire de la vie de l'auteur. Il croit devoir le dire cependant, ces deux pièces, si différentes par le fond, par la forme et par la destinée, sont étroitement accouplées dans sa pensée. L'idée qui a produit le Roi s'amuse et l'idée qui a produit Lucrèce Borgia sont nées au même moment, sur le même point du cœur. Quelle est, en effet, la pensée intime cachée sous trois ou quatre écorces concentriques dans le Roi s'amuse? La voici. Prenez la difformité physique la plus hideuse, la plus repoussante, la plus complète ; placez-la où elle ressort le mieux, à l'étage le plus infime, le plus souterrain et le plus méprisé de l'édifice social ; éclairez de tous côtés, par le jour sinistre des contrastes, cette misérable créature ; et puis jetez-lui une âme, et mettez dans cette âme le sentiment le plus pur qui soit donné à l'homme, le sentiment paternel. Qu'arrivera-t-il? C'est que ce sentiment sublime, chauffé selon certaines conditions, transformera sous vos yeux la créature dégradée ; c'est que l'être petit deviendra grand ; c'est que l'être difforme deviendra beau. Au fond, voilà ce que c'est que le Roi s'amuse. Eh bien! qu'est-ce que c'est que

Lucrèce Borgia? Prenez la difformité *morale* la plus hideuse, la plus repoussante, la plus complète; placez-la là où elle ressort le mieux, dans le cœur d'une femme, avec toutes *les* conditions de beauté physique et de grandeur royale, qui donnent de la saillie au crime; et maintenant, mêlez à toute cette difformité morale un sentiment pur, le plus pur que la femme puisse éprouver, le sentiment maternel; dans votre monstre, mettez une mère, et le monstre intéressera, et le monstre fera pleurer, et cette créature qui faisait peur fera pitié, et cette âme difforme deviendra presque belle à vos yeux. Ainsi, la paternité sanctifiant la difformité physique, voilà *le Roi s'amuse;* la maternité purifiant la difformité morale, voilà *Lucrèce Borgia.*

Dans la pensée de l'auteur, si le mot *bilogie* n'était pas un mot barbare, ces deux pièces ne feraient qu'une bilogie *sui generis*, qui pourrait avoir pour titre *le Père et la Mère*. Le sort les a séparées; qu'importe? l'une a prospéré, l'autre a été frappée d'une lettre de cachet; l'idée qui fait le fond de la première restera, longtemps encore peut-être, voilée par mille préventions à bien des regards; l'idée qui a engendré la seconde semble être chaque soir, si aucune illusion ne nous aveugle, comprise et acceptée par une foule intelligente et sympathique : *habent sua fata.* Mais, quoi qu'il en soit de ces deux pièces, qui n'ont d'autre mérite d'ailleurs que l'attention dont le public a bien voulu les entourer, elles sont sœurs jumelles, elles se sont touchées en germe, la couronnée et la proscrite, comme Louis XIV et le Masque de Fer.

Corneille et Molière avaient pour habitude de répondre en détail aux critiques que leurs ouvrages suscitaient, et ce n'est pas une chose peu curieuse aujourd'hui de voir ces géants du théâtre se débattre dans des *avant-propos* et des *avis au lecteur* sous l'inextricable réseau d'objections que la critique contemporaine ourdissait sans relâche autour d'eux. L'auteur de ce drame ne se croit pas digne de suivre d'aussi grands exemples : il se taira, lui, devant la critique. Ce qui sied à des hommes pleins d'autorité, comme Molière et Corneille, ne sied pas à d'autres. D'ailleurs, il n'y a peut-être que Corneille au monde qui puisse rester grand et sublime, au moment même où il fait mettre une préface à genoux devant Scudéri ou Chapelain. L'auteur est loin d'être Corneille, l'auteur est loin d'avoir affaire à Chapelain ¹ à Scudéri. La critique, à quelques rares exceptions près, a été en général loyale et bienveillante pour lui. Sans doute, il pourrait répondre à plus d'une objection. A ceux qui trouvent, par exemple, que Gennaro se laisse trop candidement empoisonner par le duc au second acte, il pourrait demander si Gennaro, personnage construit par la fantaisie du poëte, est tenu d'être plus *vraisemblable* et plus défiant que l'historique Drusus de Tacite, *ignarus et juveniliter hauriens.* A ceux qui lui reprochent d'avoir exagéré les crimes de Lucrèce Borgia, il dirait : Lisez Tomasi, lisez Guicciardini, lisez surtout le *Diarium.* A ceux qui le blâment d'avoir accepté sur la mort des maris de Lucrèce certaines rumeurs populaires à demi fabuleuses, il répondrait que souvent les fables du peuple font la vérité du poëte; et puis il citerait encore Tacite, historien plus obligé de se critiquer sur la réalité des faits que le poëte dramatique : *Quamvis fabulosa et immania credebantur, atrociore semper fama erga dominantium exitus.* Il pourrait pousser le détail de ces explications beaucoup plus loin, et examiner une à une, avec la critique, toutes les pièces de la charpente de son ouvrage; mais il a plus de plaisir à remercier la critique qu'à la contredire, et, après tout, les réponses qu'il pourrait faire aux objections de la critique, il aime mieux que le lecteur les trouve dans le drame, si elles y sont, que dans la préface.

On lui pardonnera de ne point insister davantage sur le côté purement esthétique de son ouvrage. Il est tout un autre ordre d'idées, non moins hautes selon lui, qu'il voudrait avoir le loisir de remuer et d'approfondir à l'occasion de cette pièce de *Lucrèce Borgia.* A ses yeux, il y a beaucoup de questions sociales dans les questions littéraires, et toute œuvre est une action. Voilà le sujet sur lequel il s'étendrait volontiers, si l'espace et le temps ne lui manquaient. Le théâtre, on ne saurait trop le répéter, a de nos jours une importance immense, et qui tend à s'accroître sans cesse avec la civilisation même. Le théâtre est une tribune. Le théâtre est une chaire. Le théâtre parle fort et parle haut. Lorsque Corneille dit : *Pour être plus qu'un roi, tu te crois quelque chose*, Corneille c'est Mirabeau. Quand Shakspeare dit : *To die, to sleep,* Shakspeare c'est Bossuet.

L'auteur de ce drame sait combien c'est une grande et sérieuse chose que le théâtre. Il sait que le drame, sans sortir des limites impartiales de l'art, a une mission nationale, une mission sociale, une mission humaine. Quand il voit chaque soir ce peuple si intelligent et si avancé, qui a fait de Paris la cité centrale du progrès, s'entasser en foule devant un rideau que sa pensée à lui, chétif poëte, va soulever le moment d'après, il sent combien il est peu de chose, lui, devant tant d'attente et de curiosité; il sent que, si son talent n'est rien, il faut que sa probité soit tout; il s'interroge avec sévérité et recueillement sur la portée philosophique de son œuvre, car il se sait responsable, et il ne veut que cette foule puisse lui demander compte un jour de ce qu'il lui aura enseigné. Le poëte aussi a charge d'âmes. Il ne faut pas que la multitude sorte du théâtre sans emporter avec elle quelque moralité austère et profonde. Aussi espère-t-il bien, Dieu aidant, ne développer jamais sur la scène (du moins tant que dureront les temps sérieux où nous sommes) que des choses pleines de leçons et de conseils. Il fera toujours apparaître volontiers le cercueil dans la salle du banquet, la prière des morts à travers les refrains de l'orgie, la cagoule à côté du masque. Il laissera quelquefois le carnaval débraillé chanter à tue-tête sur l'avant-scène; mais il lui criera du fond du théâtre : *Memento quia pulvis es.* Il sait bien que l'art seul, l'art pur, l'art proprement dit, n'exige pas tout cela du poëte; mais il pense qu'au théâtre surtout il ne suffit pas de remplir seulement les conditions de l'art. Et, quant aux plaies et aux misères de l'humanité, toutes les fois qu'il les étalera dans le drame, il tâchera de jeter sur ce que ces nudités-là auraient de trop odieux le voile d'une idée consolante et grave. Il ne mettra pas Marion de Lorme sur la scène sans purifier la courtisane avec un peu d'amour; il donnera à Triboulet le difforme un cœur de père; il donnera à Lucrèce la monstrueuse des entrailles de mère. Et, de cette façon, sa conscience se reposera du moins tranquille et sereine sur son œuvre. Le drame qu'il rêve et qu'il tente de réaliser pourra toucher à tout sans se souiller à rien. Faites circuler dans tout une pensée morale et compatissante, et il n'y a plus rien de difforme ni de repoussant. A la chose la plus hideuse, mêlez une idée religieuse, elle deviendra sainte et pure. Attachez Dieu au gibet, vous avez la croix.

— 12 février 1833.

LUCRÈCE BORGIA

PERSONNAGES.

DONA LUCREZIA BORGIA.
DON ALPHONSE D'ESTE.
GENNARO.
GUBETTA.
MAFFIO ORSINI.
JEPPO LIVERETTO.
DON APOSTOLO GAZELLA.
ASCANIO PETRUCCI.

OLOFERNO VITELLOZZO.
RUSTIGHELLO.
ASTOLFO.
LA PRINCESSE NEGRONI.
Un huissier.
Des moines.
Seigneurs.
Pages. Gardes.

Venise. — Ferrare. — 15...

ACTE PREMIER

AFFRONT SUR AFFRONT

PREMIÈRE PARTIE

Une terrasse du palais Barbarigo, à Venise. C'est une fête de nuit. Des masques traversent par instant le théâtre. Des deux côtés de la terrasse, le palais splendidement illuminé et résonnant de fanfares. La terrasse couverte d'ombre et de verdure. Au fond, au bas de la terrasse, est censé couler le canal de la Zucca, sur lequel on voit passer par moments, dans les ténèbres, des gondoles, chargées de masques et de musiciens, à demi éclairées. Chacune de ces gondoles traverse le fond du théâtre avec une symphonie tantôt gracieuse, tantôt lugubre, qui s'éteint par degrés dans l'éloignement. Au fond, Venise au clair de lune.

SCÈNE PREMIÈRE.

De jeunes seigneurs, magnifiquement vêtus, leurs masques à la main, causent sur la terrasse.

GUBETTA, GENNARO, vêtu en capitaine, DON APOSTOLO GAZELLA, MAFFIO ORSINI, ASCANIO PETRUCCI, OLOFERNO VITELLOZZO, JEPPO LIVERETTO.

OLOFERNO. — Nous vivons dans une époque où les gens accomplissent tant d'actions horribles, qu'on ne parle plus de celle-là; mais certes il n'y eut jamais événement plus sinistre et plus mystérieux.

ASCANIO. — Une chose ténébreuse faite par des hommes ténébreux.

JEPPO. — Moi, je sais les faits, messeigneurs. Je les tiens de mon cousin éminentissime le cardinal Carriale, qui a été mieux informé que personne. — Vous savez, le cardinal Carriale, qui eut cette fière dispute avec le cardinal Riario au sujet de la guerre contre Charles VIII de France.

GENNARO, *bâillant*. — Ah! voilà Jeppo qui va nous conter des histoires! — Pour ma part, je n'écoute pas. Je suis déjà bien assez fatigué sans cela.

MAFFIO. — Ces choses-là ne t'intéressent pas, Gennaro, et c'est tout simple. Tu es un brave capitaine d'aventure. Tu portes un nom de fantaisie. Tu ne connais ni ton père ni ta mère. On ne doute pas que tu ne sois gentilhomme, à la façon dont tu tiens une épée, mais tout ce qu'on sait de la noblesse, c'est que tu te bats comme un lion. Sur mon âme, nous sommes compagnons d'armes, et ce que je dis n'est pas pour t'offenser. Tu m'as sauvé la vie à Rimini, je t'ai sauvé la vie au pont de Vicence. Nous nous sommes juré de nous aider en périls comme en amour, de nous venger l'un l'autre quand besoin serait, de n'avoir pour ennemis, moi, que les tiens, toi, que les miens. Un astrologue nous a prédit que nous mourrions le même jour, et nous lui avons donné dix sequins d'or pour la prédiction. Nous ne sommes pas amis, nous sommes frères. Mais enfin, tu as le bonheur de t'appeler simplement Gennaro, de ne tenir à personne, de ne traîner après toi aucune de ces fatalités souvent héréditaires, qui s'attachent aux noms historiques. Tu es heureux! Que t'importe ce qui se passe et ce qui s'est passé, pourvu qu'il y ait toujours des hommes pour la guerre et des femmes pour le plaisir? Que te fait l'histoire des familles et des villes, à toi, enfant du drapeau, qui n'a ni ville ni famille? Nous, vois-tu, Gennaro, c'est différent. Nous avons droit de prendre intérêt aux catastrophes de notre temps. Nos pères et nos mères ont été mêlés à ces tragédies, et presque toutes nos familles saignent encore. — Dis-nous ce que tu sais, Jeppo.

GENNARO. (*Il se jette dans un fauteuil, dans l'attitude de quelqu'un qui va dormir.*) — Vous me réveillerez quand Jeppo aura fini.

JEPPO. — Voici. C'est en quatorze cent quatre-vingt...

GUBETTA, *dans un coin du théâtre*. — Quatre-vingt-dix-sept.

JEPPO. — C'est juste. Quatre-vingt-dix-sept. Dans une certaine nuit d'un mercredi à un jeudi...

GUBETTA. — Non. D'un mardi à un mercredi.

JEPPO. — Vous avez raison. — Cette nuit donc, un batelier du Tibre, qui s'était couché dans son bateau, le long du bord, pour garder ses marchandises, vit quelque chose d'effrayant. C'était un peu au-dessous de l'église Santo-Hieronimo. Il pouvait être cinq heures après minuit. Le batelier vit venir dans l'obscurité, par le chemin qui est à gauche de l'église, deux hommes qui allaient à pied de çà, de là, comme inquiets; après quoi, il en parut deux autres; et enfin trois : en tout sept. Un seul était à cheval. Il faisait nuit assez noire. Dans toutes les maisons qui regardent le Tibre, il n'y avait plus qu'une seule fenêtre éclairée. Les sept hommes s'approchèrent du bord de l'eau. Celui qui était monté tourna la croupe de son cheval du côté du Tibre, et alors le batelier vit distinctement sur cette croupe des jambes qui pendaient d'un côté, une tête et des bras de l'autre, — le cadavre d'un homme. Pendant que leurs camarades guettaient les angles des rues, deux de ceux qui étaient à pied prirent le corps mort, le balancèrent deux ou trois fois avec force, et le lancèrent au milieu du Tibre. Au moment où le cadavre frappa l'eau, celui qui était à cheval fit une question à laquelle les deux autres répondirent : Oui, monseigneur. Alors le cavalier se retourna vers le Tibre, et vit quelque chose de noir qui flottait sur l'eau. Il demanda ce que c'était. On lui répondit : Monseigneur, c'est le manteau de monseigneur qui est mort. Et quelqu'un de la troupe jeta des pierres à ce manteau, ce qui le fit enfoncer. Ceci fait, ils s'en allèrent tous de compagnie et prirent le chemin qui mène à Saint-Jacques. Voilà ce que vit le batelier.

MAFFIO. — Une lugubre aventure! Etait-ce quelqu'un de considérable que ces hommes jetaient ainsi à l'eau? Ce cheval me fait un effet étrange : l'assassin en selle, et le mort en croupe!

GUBETTA. — Sur ce cheval, il y avait les deux frères.

JEPPO. — Vous l'avez dit, monsieur de Belverana. Le cadavre, c'était Jean Borgia; le cavalier, c'était César Borgia.

MAFFIO. — Famille de démons que ces Borgia! Et, dites, Jeppo, pourquoi le frère tuait-il ainsi le frère?

JEPPO. — Je ne vous le dirai pas. La cause du meurtre est tellement abominable, que ce doit être un péché mortel d'en parler seulement.

GUBETTA. — Je vous le dirai, moi. César, cardinal de Valence, a tué Jean, duc de Gandia, parce que les deux frères aimaient la même femme.

MAFFIO. — Et qui était cette femme-là?

GUBETTA, *toujours au fond du théâtre*. — Leur sœur.

JEPPO. — Assez, monsieur de Belverana. Ne prononcez pas devant nous le nom de cette femme monstrueuse. Il n'est pas une de nos familles à laquelle elle n'ait fait quelque plaie profonde.

MAFFIO. — N'y avait-il pas aussi un enfant mêlé à tout cela?

JEPPO. — Oui, un enfant dont je ne veux nommer que le père, qui était Jean Borgia.

MAFFIO. — Cet enfant serait un homme maintenant.

OLOFERNO. — Il a disparu.

JEPPO. — Est-ce César Borgia qui a réussi à le soustraire à la mère? Est-ce la mère qui a réussi à le soustraire à César Borgia? On ne sait.

DON APOSTOLO. — Si c'est la mère qui cache son fils, elle fait bien. Depuis que César Borgia, cardinal de Valence, est devenu duc de Valentinois, il a fait mourir, comme vous savez, sans compter son frère Jean, ses deux neveux, les fils de Guifry Borgia, prince de Squillacci, et son cousin, le cardinal François Borgia. Cet homme a la rage de tuer ses parents.

JEPPO. — Pardieu! il veut être le seul Borgia, et avoir tous les biens du pape.

ASCANIO. — La sœur que vous ne voulez pas nommer, Jeppo, ne fit-elle pas à la même époque une cavalcade secrète au monastère de Saint-Sixte pour s'y renfermer sans qu'on sût pourquoi?

JEPPO. — Je crois que oui. C'était pour se séparer du seigneur Jean Sforza, son deuxième mari.

MAFFIO. — Et comment se nommait ce batelier qui a tout vu?

JEPPO. — Je ne sais pas.

GUBETTA. — Il se nommait Georgio Schiavone, et avait pour industrie de mener du bois par le Tibre à Ripetta.

MAFFIO, *bas à Ascanio*. — Voilà un Espagnol qui en sait plus long sur nos affaires que nous autres Romains.

ASCANIO, *bas*. — Je me défie comme toi de ce monsieur de Belverana. Mais n'approfondissons pas ceci; il y a peut-être une chose dangereuse là-dessous.

JEPPO. — Ah! messieurs, messieurs! dans quel temps sommes-nous! et connaissez-vous une créature humaine qui soit sûre de vivre quelques lendemains dans cette pauvre Italie, avec les guerres, les pestes et les Borgia qu'il y a?

DON APOSTOLO. — Ah çà! messeigneurs, je crois que tous, tant que nous sommes, nous devons faire partie de l'ambassade que la république de Venise envoie au duc de Ferrare, pour féliciter d'avoir repris Rimini sur les Malatesta. Quand partons-nous pour Ferrare?

OLOFERNO. — Décidément, après-demain. Vous savez que les deux ambassadeurs sont nommés : c'est le sénateur Tiopolo et le général des galères Grimani.

DON APOSTOLO. — Le capitaine Gennaro sera-t-il des nôtres?

MAFFIO. — Sans doute! Gennaro et moi ne nous séparons jamais.

ASCANIO. — J'ai une observation importante à vous soumettre, messieurs : c'est qu'on boit du vin d'Espagne sans nous.

MAFFIO. — Rentrons au palais. — Hé, Gennaro! (*A Jeppo*.) — Mais c'est qu'il s'est réellement endormi pendant votre histoire, Jeppo.

JEPPO. — Qu'il dorme.

Tous sortent, excepté Gubetta.

SCÈNE II.

GUBETTA, GENNARO, endormi.

GUBETTA, *seul*. — Oui, j'en sais plus long qu'eux; ils se disaient cela tout bas. J'en sais plus long, mais dona Lucrezia en sait plus que moi, monsieur de Valentinois en sait plus que dona Lucrezia, le diable en sait plus que monsieur de Valentinois, et le pape Alexandre VI en sait plus que le diable. (*Regardant Gennaro*.) — Comme cela dort, ces jeunes gens!

Entre dona Lucrezia, masquée. Elle aperçoit Gennaro endormi, et va le contempler avec une sorte de ravissement et de respect.

SCÈNE III.

GUBETTA, DONA LUCREZIA, GENNARO, endormi.

DONA LUCREZIA, *à part*. — Il dort! — Cette fête l'aura sans doute fatigué! — Qu'il est beau! (*Se retournant*.) — Gubetta!

GUBETTA. — Parlez moins haut, madame. — Je ne m'appelle pas ici Gubetta, mais le comte de Belverana, gentilhomme castillan; vous, vous êtes madame la marquise de Pontequadrato, dame napolitaine. Nous ne devons pas avoir l'air de nous connaître. Ne sont-ce pas là les ordres de Votre Altesse? Vous n'êtes point ici chez vous, vous êtes à Venise.

DONA LUCREZIA. — C'est juste, Gubetta. Mais il n'y a personne sur cette terrasse, que ce jeune homme qui dort; nous pouvons causer un instant.

GUBETTA. — Comme il plaira à Votre Altesse. J'ai encore un conseil à vous donner; c'est de ne point vous démasquer. On pourrait vous reconnaître.

DONA LUCREZIA. — Eh! que m'importe? S'ils ne savent pas qui je suis, je n'ai rien à craindre; s'ils savent qui je suis, c'est à eux d'avoir peur.

GUBETTA. — Nous sommes à Venise, madame; vous avez bien des ennemis ici, et des ennemis libres. Sans doute, la république de Venise ne souffrirait pas qu'on osât attenter à la personne de Votre Altesse, mais on pourrait vous insulter.

DONA LUCREZIA. — Ah! tu as raison; mon nom fait horreur, en effet.

GUBETTA. — Il n'y a pas ici que des Vénitiens; il y a des Romains, des Napolitains, des Romagnols, des Lombards, des Italiens de toute l'Italie.

DONA LUCREZIA. — Et toute l'Italie me hait! Tu as raison!

Il faut pourtant que tout cela change. Je n'étais pas née pour faire le mal, je le sens à présent plus que jamais. C'est l'exemple de ma famille qui m'a entraînée. — Gubetta!

GUBETTA. — Madame.

DONA LUCREZIA. — Fais porter sur-le-champ les ordres que nous allons te donner dans notre gouvernement de Spolette.

GUBETTA. — Ordonnez, madame; j'ai toujours quatre mules sellées et quatre coureurs tout prêts à partir.

DONA LUCREZIA. — Qu'a-t-on fait de Galeas Accaioli?

GUBETTA. — Il est toujours en prison, en attendant que Votre Altesse le fasse pendre.

DONA LUCREZIA. — Et Guifry Buondelmonte?

GUBETTA. — Au cachot. Vous n'avez pas encore dit de le faire étrangler.

DONA LUCREZIA. — Et Manfredi de Curzola?

GUBETTA. — Pas encore étranglé non plus.

DONA LUCREZIA. — Et Spadacappa?

GUBETTA. — D'après vos ordres, on ne doit lui donner du poison que le jour de Pâques, dans l'hostie. Cela viendra dans six semaines, nous sommes au carnaval.

DONA LUCREZIA. — Et Pierre Capra?

GUBETTA. — A l'heure qu'il est, il est encore évêque de Pesaro et régent de la chancellerie; mais, avant un mois, il ne sera plus qu'un peu de poussière, car notre saint-père le pape l'a fait arrêter sur votre plainte, et le tient sous bonne garde dans les chambres basses du Vatican.

DONA LUCREZIA. — Gubetta, écris en hâte au saint-père que je lui demande la grâce de Pierre Capra! Gubetta, qu'on mette en liberté Accaioli! En liberté Manfredi de Curzola! En liberté Buondelmonte! En liberté Spadacappa!

GUBETTA. — Attendez! attendez, madame! laissez-moi respirer! Quels ordres me donnez-vous là! Ah! mon Dieu! il pleut des pardons! il grêle de la miséricorde! je suis submergé dans la clémence! je ne me tirerai jamais de ce déluge effroyable de bonnes actions!

DONA LUCREZIA. — Bonnes ou mauvaises, que t'importe, pourvu que je te les paye?

GUBETTA. — Ah! c'est qu'une bonne action est bien plus difficile à faire qu'une mauvaise. — Hélas! pauvre Gubetta que je suis! A présent que vous vous imaginez de devenir miséricordieuse, qu'est-ce que je vais devenir, moi?

DONA LUCREZIA. — Écoute, Gubetta, tu es mon plus ancien et mon plus fidèle confident...

GUBETTA. — Voilà quinze ans, en effet, que j'ai l'honneur d'être votre collaborateur.

DONA LUCREZIA. — Eh bien! dis, Gubetta, mon vieil ami, mon vieux complice, est-ce que tu ne commences pas à sentir le besoin de changer de genre de vie? est-ce que tu n'as pas soif d'être béni, toi et moi, autant que nous avons été maudits? est-ce que tu n'en as pas assez du crime?

GUBETTA. — Je vois que vous êtes en train de devenir la plus vertueuse Altesse qui soit.

DONA LUCREZIA. — Est-ce que notre commune renommée à tous deux, notre renommée infâme, notre renommée de meurtre et d'empoisonnement, ne commence pas à te peser, Gubetta?

GUBETTA. — Pas du tout. Quand je passe dans les rues de Spolette, j'entends bien quelquefois des manants qui fredonnent autour de moi: Hum! ceci est Gubetta, Gubetta-poison, Gubetta-poignard, Gubetta-gibet! car ils ont mis à mon nom une flamboyante aigrette de sobriquets. On dit tout cela; et, quand les voix ne le disent pas, ce sont les yeux qui le disent. Mais qu'est-ce que cela fait? je suis habitué à ma mauvaise réputation comme un soldat du pape à servir la messe.

DONA LUCREZIA. — Mais ne sens-tu pas que tous les noms odieux dont on t'accable, et dont on m'accable aussi, peuvent aller éveiller le mépris et la haine dans un cœur où tu voudrais être aimé? Tu n'aimes donc personne au monde, Gubetta?

GUBETTA. — Je voudrais bien savoir qui vous aimez, madame.

DONA LUCREZIA. — Qu'en sais-tu? Je suis franche avec toi; je ne te parlerai ni de mon père, ni de mon frère, ni de mon mari, ni de mes amants.

GUBETTA. — Mais c'est que je ne vois guère que cela qu'on puisse aimer.

DONA LUCREZIA. — Il y a encore autre chose, Gubetta.

GUBETTA. — Ah çà! est-ce que vous vous faites vertueuse pour l'amour de Dieu?

DONA LUCREZIA. — Gubetta! Gubetta! s'il y avait aujourd'hui en Italie, dans cette fatale et criminelle Italie, un cœur noble et pur, un cœur plein de hautes et de mâles vertus, un cœur d'ange sous une cuirasse de soldat; s'il ne me restait, à moi, pauvre femme, haïe, méprisée, abhorrée, maudite des hommes, damnée du ciel, misérable toute-puissante que je suis; s'il ne me restait, dans l'état de détresse où mon âme agonise douloureusement, qu'une idée, qu'une espérance, qu'une ressource, celle de mériter et d'obtenir avant ma mort une petite place, Gubetta, un peu de tendresse, un peu d'estime dans ce cœur si fier et si pur; si je n'avais d'autre pensée que l'ambition de le sentir battre un jour joyeusement et librement sur le mien; comprendrais-tu alors, dis, Gubetta, pourquoi j'ai hâte de racheter mon passé, de laver ma renommée, d'effacer les taches de toutes sortes que j'ai partout sur moi, et de changer en une idée de gloire, de pénitence et de vertu, l'idée infâme et sanglante que l'Italie attache à mon nom?

GUBETTA. — Mon Dieu, madame! sur quel ermite avez-vous marché aujourd'hui?

DONA LUCREZIA. — Ne ris pas. Il y a longtemps déjà que j'ai ces pensées sans te les dire. Lorsqu'on est entraîné par un courant de crimes, on ne s'arrête pas quand on veut. Les deux anges luttaient en moi, le bon et le mauvais; mais je crois que le bon va enfin l'emporter.

GUBETTA. — Alors, *te Deum laudamus, magnificat anima mea Dominum!* — Savez-vous, madame, que je ne vous comprends plus, et que depuis quelque temps vous êtes devenue indéchiffrable pour moi? Il y a un mois, Votre Altesse annonce qu'elle part pour Spolette, prend congé de monseigneur don Alphonse d'Este, votre mari, qui a, du reste, la bonhomie d'être amoureux d'une comme un tourtereau et jaloux comme un tigre; Votre Altesse donc quitte Ferrare, et s'en vient secrètement à Venise, presque sans suite, affublée d'un faux nom napolitain, et moi d'un faux nom espagnol. Arrivée à Venise, Votre Altesse se sépare de moi et m'ordonne de ne pas la connaître; et puis, vous vous mettez à courir les fêtes, les musiques, les tertullias à l'espagnole, profitant du carnaval pour aller partout masquée, cachée à tous, déguisée, me parlant à peine entre deux portes chaque soir; et voilà que toute cette mascarade se termine par un sermon que vous me faites! Un sermon de vous à moi, madame! cela n'est-il pas véhément et prodigieux? Vous avez métamorphosé votre nom, vous avez métamorphosé votre habit, à présent vous métamorphosez votre âme! En honneur, c'est pousser furieusement loin le carnaval. Je m'y perds. Où est la cause de cette conduite de la part de Votre Altesse?

DONA LUCREZIA, *lui saisissant vivement le bras, et l'attirant près de Gennaro endormi.* — Vois-tu ce jeune homme?

GUBETTA. — Ce jeune homme n'est pas nouveau pour moi, et je sais bien que c'est après lui que vous courez sous votre masque, depuis que vous êtes à Venise.

DONA LUCREZIA. — Qu'est-ce que tu en dis?

GUBETTA. — Je dis que c'est un jeune homme qui dort couché sur un banc, et qui dormirait debout s'il avait été en tiers dans la conversation morale et édifiante que je viens d'avoir avec Votre Altesse.

DONA LUCREZIA. — Est-ce que tu ne le trouves pas bien beau?

GUBETTA. — Il serait plus beau s'il n'avait pas les yeux fermés. Un visage sans yeux, c'est un palais sans fenêtres.

DONA LUCREZIA. — Si tu savais comme je l'aime!

GUBETTA. — C'est l'affaire de don Alphonse, votre royal

mari. Je dois cependant avertir Votre Altesse qu'elle perd ses peines. Ce jeune homme, à ce qu'on m'a dit, aime d'amour une belle jeune fille nommée Fiametta.

DONA LUCREZIA. — Et la jeune fille, l'aime-t-elle?
GUBETTA. — On dit que oui.
DONA LUCREZIA. — Tant mieux! je voudrais tant le savoir heureux!
GUBETTA. — Voilà qui est singulier et n'est guère dans vos façons. Je vous croyais plus jalouse.
DONA LUCREZIA, *contemplant Gennaro*. — Quelle noble figure!
GUBETTA. — Je trouve qu'il ressemble à quelqu'un...
DONA LUCREZIA. — Ne me dis pas à qui tu trouves qu'il ressemble! — Laisse-moi.

Gubetta sort. Dona Lucrezia reste quelques instants comme en extase devant Gennaro; elle ne voit pas deux hommes masqués qui viennent d'entrer au fond du théâtre et qui l'observent.

DONA LUCREZIA, *se croyant seule*. — C'est donc lui! il m'est donc enfin donné de le voir un instant sans périls! Non, je ne l'avais pas rêvé plus beau. Oh! Dieu! épargnez-moi l'angoisse d'être jamais haïe et méprisée de lui; vous savez qu'il est tout ce que j'aime sous le ciel! — Je n'ose ôter mon masque, il faut pourtant que j'essuie mes larmes.

Elle ôte son masque pour s'essuyer les yeux. Les deux hommes masqués causent à voix basse pendant qu'elle baise la main de Gennaro endormi.

PREMIER HOMME MASQUÉ. — Cela suffit, je puis retourner à Ferrare. Je n'étais venu à Venise que pour m'assurer de son infidélité; j'en ai assez vu. Mon absence de Ferrare ne peut se prolonger plus longtemps. Ce jeune homme est son amant. Comment le nomme-t-on, Rustighello?

DEUXIÈME HOMME MASQUÉ. — Il s'appelle Gennaro. C'est un capitaine aventurier, un brave, sans père ni mère, un homme dont on ne connaît pas les bouts. Il est en ce moment au service de la république de Venise.

PREMIER HOMME. — Fais en sorte qu'il vienne à Ferrare.

DEUXIÈME HOMME. — Cela se fera de soi-même, monseigneur; il part après-demain pour Ferrare avec plusieurs de ses amis, qui font partie de l'ambassade des sénateurs Tiopolo et Grimani.

PREMIER HOMME. — C'est bien. Les rapports qu'on m'a faits étaient exacts. J'en ai assez vu, te dis-je; nous pouvons repartir.

Ils sortent.

DONA LUCREZIA, *joignant les mains et presque agenouillée devant Gennaro*. — Oh! mon Dieu! qu'il y ait autant de bonheur pour lui qu'il y a eu de malheur pour moi!

Elle dépose un baiser sur le front de Gennaro, qui s'éveille en sursaut.

GENNARO, *saisissant par les deux bras Lucrezia interdite*. — Un baiser! une femme! — Sur mon honneur, madame, si vous étiez reine et si j'étais poëte, ce serait véritablement l'aventure de messire Alain Chartier, le rimeur français! — Mais j'ignore qui vous êtes, et moi, je ne suis qu'un soldat.

DONA LUCREZIA. — Laissez-moi, seigneur Gennaro!
GENNARO. — Non pas, madame.
DONA LUCREZIA. — Voici quelqu'un.

Elle s'enfuit; Gennaro la suit.

SCÈNE IV.

JEPPO, puis MAFFIO.

JEPPO, *entrant par le côté opposé*. — Quel est ce visage? c'est bien elle! Cette femme à Venise! — Hé, Maffio!
MAFFIO, *entrant*. — Qu'est-ce?
JEPPO. — Que je te dise une rencontre inouïe.

Il parle bas à l'oreille de Maffio.

MAFFIO. — En es-tu sûr?

JEPPO. — Comme je suis sûr que nous sommes ici dans le palais Barbarigo, et non dans le palais Labbia.
MAFFIO. — Elle était en causerie galante avec Gennaro!
JEPPO. — Avec Gennaro!
MAFFIO. — Il faut tirer mon frère Gennaro de cette toile d'araignée.
JEPPO. — Viens avertir nos amis.

Ils sortent. — Pendant quelques instants la scène reste vide; on voit seulement passer de temps en temps, au fond du théâtre, quelques gondoles avec des symphonies. — Rentrent Gennaro et dona Lucrezia masquée.

SCÈNE V.

GENNARO, DONA LUCREZIA.

DONA LUCREZIA. — Cette terrasse est obscure et déserte; je puis me démasquer ici. Je veux que vous voyiez mon visage, Gennaro.

Elle se démasque.

GENNARO. — Vous êtes bien belle!
DONA LUCREZIA. — Regarde-moi bien, Gennaro, et dis-moi que je ne te fais pas horreur!
GENNARO. — Vous me faire horreur, madame, et pourquoi? Bien au contraire, je me sens au fond du cœur quelque chose qui m'attire vers vous.
DONA LUCREZIA. — Donc tu crois que tu pourrais m'aimer, Gennaro?
GENNARO. — Pourquoi non? Pourtant, madame, je suis sincère, il y aura toujours une femme que j'aimerai plus que vous.
DONA LUCREZIA, *souriant*. — Je sais, la petite Fiametta.
GENNARO. — Non.
DONA LUCREZIA. — Qui donc?
GENNARO. — Ma mère.
DONA LUCREZIA. — Ta mère! ta mère, ô mon Gennaro! tu aimes bien ta mère, n'est-ce pas?
GENNARO. — Et pourtant je ne l'ai jamais vue. Voilà qui vous paraît bien singulier, n'est-il pas vrai? Tenez, je ne sais pas pourquoi j'ai une pente à me confier à vous; je vais vous dire un secret que je n'ai encore dit à personne, pas même à mon frère d'armes, pas même à Maffio Orsini. Cela est étrange de se livrer ainsi au premier venu; mais il me semble que vous n'êtes pas pour moi la première venue. — Je suis un capitaine qui ne connaît pas sa famille; j'ai été élevé en Calabre par un pêcheur dont je me croyais le fils. Le jour où j'eus seize ans, ce pêcheur m'apprit qu'il n'était pas mon père. Quelque temps après, un seigneur vint qui m'arma chevalier et qui repartit sans avoir levé la visière de son morion. Quelque temps après encore, un homme vêtu de noir vint m'apporter une lettre. Je l'ouvris: c'était ma mère qui m'écrivait, ma mère que je ne connaissais pas, ma mère que je rêvais bonne, douce, tendre, belle comme vous! ma mère, que j'adorais de toutes les forces de mon âme! Cette lettre m'apprit, sans me dire aucun nom, que j'étais noble et de grande race, et que ma mère était bien malheureuse. Pauvre femme!
DONA LUCREZIA. — Bon Gennaro!
GENNARO. — Depuis ce jour-là, je me suis fait aventurier, parce qu'étant quelque chose par ma naissance, j'ai voulu être aussi quelque chose par mon épée. J'ai couru toute l'Italie. Mais le premier jour de chaque mois, en quelque lieu que je sois, je vois toujours venir le même messager. Il me remet une lettre de ma mère, prend ma réponse et s'en va. Il ne me dit rien, et je ne lui dis rien, parce qu'il est sourd et muet.
DONA LUCREZIA. — Ainsi tu ne sais rien de ta famille?
GENNARO. — Je sais que j'ai une mère, qu'elle est malheureuse et que je donnerais ma vie dans ce monde pour la voir pleurer, et ma vie dans l'autre pour la voir sourire. Voilà tout.
DONA LUCREZIA. — Que fais-tu de ses lettres?
GENNARO. — Je les ai toutes là, sur mon cœur. Nous au-

tres gens de guerre, nous risquons souvent notre poitrine à l'encontre des épées. Les lettres d'une mère, c'est une bonne cuirasse.

DONA LUCREZIA. — Noble nature!

GENNARO. — Tenez, voulez-vous voir son écriture? voici une de ses lettres. (*Il tire de sa poitrine un papier qu'il baise et qu'il remet à dona Lucrezia.*) — Lisez cela.

DONA LUCREZIA, *lisant.* — « .... Ne cherche pas à me
« connaître, mon Gennaro, avant le jour que je te marque-
« rai. Je suis bien à plaindre, va. Je suis entourée de pa-
« rents sans pitié, qui te tueraient comme ils ont tué ton
« père. Le secret de ta naissance, mon enfant, je veux
« être la seule à le savoir. Si tu le savais, toi, cela est à la
« fois si triste et si illustre, que tu ne pourrais pas t'en
« taire; la jeunesse est confiante, tu ne connais pas les pé-
« rils qui t'environnent comme je les connais; qui sait? tu
« voudrais les affronter par bravade de jeune homme, tu
« parlerais ou tu te laisserais deviner, et tu ne vivrais pas
« deux jours. Oh! non, contente-toi de savoir que tu as une
« mère qui t'adore et qui veille nuit et jour sur ta vie. Mon
« Gennaro, mon fils, tu es tout ce que j'aime sur la terre :
« mon cœur se fond quand je songe à toi. »

Elle s'interrompt pour dévorer une larme.

GENNARO. — Comme vous lisez cela tendrement! On ne dirait pas que vous lisez, mais que vous parlez. — Ah! vous pleurez! — Vous êtes bonne, madame, et je vous aime de pleurer de ce qu'écrit ma mère. (*Il reprend la lettre, la baise de nouveau et la remet dans sa poitrine.*) — Oui, vous voyez, il y a eu bien des crimes autour de mon berceau. — Ma pauvre mère! — n'est-ce pas que vous comprenez maintenant que je m'arrête peu aux galanteries et aux amourettes, parce que je n'ai qu'une pensée au cœur, ma mère! Oh! délivrer ma mère! la servir, la venger, la consoler! quel bonheur! Je penserai à l'amour après! Tout ce que je fais, je le fais pour être digne de ma mère. Il y a bien des aventuriers qui ne sont pas scrupuleux, et qui se battraient pour Satan après s'être battus pour saint Michel; moi, je ne sers que des causes justes; je veux pouvoir déposer un jour aux pieds de ma mère une épée nette et loyale comme celle d'un empereur. — Tenez, madame, on m'a offert un gros enrôlement au service de cette infâme madame Lucrèce Borgia. J'ai refusé.

DONA LUCREZIA. — Gennaro! — Gennaro! ayez pitié des méchants! Vous ne savez pas ce qui se passe dans leur cœur.

GENNARO. — Je n'ai pas pitié de qui est sans pitié. — Mais laissons cela, madame; et maintenant que je vous ai dit qui je suis, faites de même, et dites-moi à votre tour qui vous êtes.

DONA LUCREZIA. — Une femme qui vous aime, Gennaro.

GENNARO. — Mais votre nom?...

DONA LUCREZIA. — Ne m'en demandez pas plus.

Des flambeaux. Entrent avec bruit Jeppo et Maffio. Dona Lucrezia remet son masque précipitamment.

SCÈNE VI.

LES MÊMES, MAFFIO ORSINI, JEPPO LIVERETTO, ASCANIO PETRUCCI, OLOFERNO VITELLOZZO, DON APOSTOLO GAZELLA. — SEIGNEURS, DAMES, PAGES portant des flambeaux.

MAFFIO, *un flambeau à la main.* — Gennaro! veux-tu savoir quelle est la femme à qui tu parles d'amour?

DONA LUCREZIA, *à part, sous son masque.* — Juste ciel!

GENNARO. — Vous êtes tous mes amis; mais je jure Dieu que celui qui touchera au masque de cette femme sera un enfant hardi. Le masque d'une femme est sacré comme la face d'un homme.

MAFFIO. — Il faut d'abord que la femme soit une femme, Gennaro! Mais nous ne voulons point insulter celle-là; nous voulons seulement lui dire nos noms. (*Faisant un pas vers dona Lucrezia.*) Madame, je suis Maffio Orsini, frère du duc de Gravina, que vos sbires ont étranglé la nuit pendant qu'il dormait.

JEPPO. — Madame, je suis Jeppo Liveretto, neveu de Liveretto Vitelli, que vous avez fait poignarder dans les caves du Vatican.

ASCANIO. — Madame, je suis Ascanio Petrucci, cousin de Pandolfo Petrucci, seigneur de Sienne, que vous avez assassiné pour lui voler plus aisément sa ville.

OLOFERNO. — Madame, je m'appelle Oloferno Vitellozzo, neveu d'Iago d'Appiani, que vous avez empoisonné dans une fête, après lui avoir traîtreusement dérobé sa bonne citadelle seigneuriale de Piombino.

DON APOSTOLO. — Madame, vous avez mis à mort sur l'échafaud don Francisco Gazella, oncle maternel de don Alphonse d'Aragon, votre troisième mari, que vous avez fait tuer à coup de hallebarde sur le palier de l'escalier de Saint-Pierre. Je suis don Apostollo Gazella, cousin de l'un et fils de l'autre.

GENNARO. — Oh! Dieu!

GENNARO. — Quelle est cette femme?

MAFFIO. — Et maintenant que nous vous avons dit nos noms, madame, voulez-vous que nous vous disions le vôtre?

DONA LUCREZIA. — Non! non! ayez pitié, messeigneurs! pas devant lui !

MAFFIO, *la démasquant.* — Otez votre masque, madame, qu'on voie si vous pouvez encore rougir.

DON APOSTOLO. — Gennaro, cette femme, à qui tu parlais d'amour, est empoisonneuse et adultère.

JEPPO. — Inceste à tous les degrés : inceste avec ses deux frères, qui se sont entre-tués pour l'amour d'elle!

DONA LUCREZIA. — Grâce!

ASCANIO. — Inceste avec son père, qui est pape!

DONA LUCREZIA. — Pitié!

OLOFERNO. — Inceste avec ses enfants, si elle en avait; mais le ciel en refuse aux monstres !

DONA LUCREZIA. — Assez! assez!

MAFFIO. — Veux-tu savoir son nom, Gennaro?

DONA LUCREZIA. — Grâce! grâce! messeigneurs!

MAFFIO. — Gennaro, veux-tu savoir son nom?

DONA LUCREZIA, *elle se traîne aux genoux de Gennaro.* — N'écoute pas, mon Gennaro!

MAFFIO, *étendant le bras.* — C'est Lucrèce Borgia!

GENNARO, *la repoussant.* — Oh!

TOUS. — Lucrèce Borgia!

Elle tombe évanouie aux pieds de Gennaro.

DEUXIÈME PARTIE.

Une place de Ferrare. A droite, un palais avec un balcon garni de jalousies, et une porte basse. Sous le balcon, un grand écusson de pierre chargé d'armoiries avec ce mot en grosses lettres saillantes de cuivre doré au-dessous : BORGIA. A gauche, une petite maison avec porte sur la place. Au fond, des maisons et des clochers.

SCÈNE PREMIÈRE.

DONA LUCREZIA, GUBETTA.

DONA LUCREZIA. — Tout est-il prêt pour ce soir, Gubetta?

GUBETTA. — Oui, madame.

DONA LUCREZIA. — Y seront-ils tous les cinq?

GUBETTA. — Tous les cinq.

DONA LUCREZIA. — Ils m'ont bien cruellement outragée, Gubetta!

GUBETTA. — Je n'étais pas là, moi!

DONA LUCREZIA. — Ils ont été sans pitié!

GUBETTA. — Ils vous ont dit votre nom tout haut comme cela?

C'est Lucrèce Borgia! (Page 7.)

DONA LUCREZIA. — Ils ne m'ont pas dit mon nom, Gubetta, ils me l'ont craché au visage!
GUBETTA. — En plein bal?
DONA LUCREZIA. — Devant Gennaro!
GUBETTA. — Ce sont de fiers étourdis d'avoir quitté Venise et d'être venus à Ferrare! Il est vrai qu'ils ne pouvaient guère faire autrement, étant désignés par le sénat pour faire partie de l'ambassade qui est arrivée l'autre semaine.
DONA LUCREZIA. — Oh! il me hait et me méprise maintenant, et c'est leur faute. — Ah! Gubetta, je me vengerai d'eux.
GUBETTA. — A la bonne heure, voilà parler! Vos fantaisies de miséricorde vous ont quittée, Dieu soit loué! Je suis bien plus à mon aise avec Votre Altesse quand elle est naturelle comme la voilà. Je m'y retrouve au moins. Voyez-vous, madame, un lac, c'est le contraire d'une île; une tour, c'est le contraire d'un puits; un aqueduc, c'est le contraire d'un pont; et moi, j'ai l'honneur d'être le contraire d'un personnage vertueux.
DONA LUCREZIA. — Gennaro est avec eux. Prends garde qu'il ne lui arrive rien.

GUBETTA. — Si nous devenions, vous une bonne femme, et moi un bon homme, ce serait monstrueux.
DONA LUCREZIA. — Prends garde qu'il n'arrive rien à Gennaro, te dis-je!
GUBETTA. — Soyez tranquille.
DONA LUCREZIA. — Je voudrais pourtant bien le voir encore une fois!
GUBETTA. — Vive-Dieu! madame, Votre Altesse le voit tous les jours. Vous avez gagné son valet pour qu'il déterminât son maître à prendre logis là, dans cette bicoque, vis-à-vis votre balcon, et de votre fenêtre grillée vous avez tous les jours l'ineffable bonheur de voir entrer et sortir le susdit gentilhomme.
DONA LUCREZIA. — Je dis que je voudrais lui parler, Gubetta.
GUBETTA. — Rien de plus simple. Envoyez-lui dire par votre porte-chape Astolfo que Votre Altesse l'attend aujourd'hui à telle heure au palais.
DONA LUCREZIA. — Je le ferai, Gubetta. Mais voudra-t-il venir?
GUBETTA. — Rentrez, madame, je crois qu'il va passer ici tout à l'heure avec les étourneaux en question.

Paris.—Imp. Bonaventure et Ducessois.

Je veux la mettre au moins au front de son palais! (Page 11.)

DONA LUCREZIA. — Te prennent-ils toujours pour le comte de Belverana!

GUBETTA. — Ils me croient Espagnol depuis le talon jusqu'aux sourcils. Je suis un de leurs meilleurs amis. Je leur emprunte de l'argent.

DONA LUCREZIA. — De l'argent! et pourquoi faire?

GUBETTA. — Pardieu! pour en avoir. D'ailleurs, il n'y a rien qui soit plus espagnol que d'avoir l'air gueux et de tirer le diable par la queue.

DONA LUCREZIA, à part. — Oh! mon Dieu! faites qu'il n'arrive pas malheur à mon Gennaro!

GUBETTA. — Et, à ce propos, madama, il me vient une réflexion.

DONA LUCREZIA. — Laquelle?

GUBETTA. — C'est qu'il faut que la queue du diable lui soit soudée, chevillée et vissée à l'échine d'une façon bien triomphante pour qu'elle résiste à l'innombrable multitude de gens qui la tirent perpétuellement.

DONA LUCREZIA. — Tu ris à travers tout, Gubetta.

GUBETTA. — C'est une manière comme une autre.

DONA LUCREZIA. — Je crois que les voici. — Songe à tout. Elle rentre dans le palais par la petite porte sous le balcon.

SCÈNE II.

GUBETTA, seul.

Qu'est-ce que c'est que ce Gennaro? et que diable en veut-elle faire? Je ne sais pas tous les secrets de la dame, il s'en faut; mais celui-ci pique ma curiosité. Ma foi, elle n'a pas eu de confiance en moi cette fois, il ne faut pas qu'elle s'imagine que je vais la servir dans cette occasion; elle se tirera de l'intrigue avec le Gennaro comme elle pourra. Mais quelle étrange manière d'aimer un homme quand on est fille de Roderigo Borgia et de la Vanozza, quand on est une femme qui a dans les veines du sang de courtisane et du sang de pape! Madame Lucrèce devient platonique. Je ne m'étonnerai plus de rien maintenant, quand même on viendrait me dire que le pape Alexandre VI croit en Dieu! (Il regarde dans la rue voisine.) Allons! voici nos jeunes fous du carnaval de Venise. Ils ont en une belle idée de quitter une terre neutre et libre pour venir à Ferrare après avoir mortellement offensé la duchesse de Ferrare! A leur place je me serais, certes, abstenu de faire partie de la cavalcade des ambassadeurs vénitiens. Mais les jeunes gens sont ainsi faits. La gueule du loup est de toutes les choses sublunaires celle où ils se précipitent le plus volontiers.

Entrent les jeunes seigneurs sans voir d'abord Gubetta, qui s'est placé en observation sous l'un des piliers qui soutiennent le balcon. Ils causent à voix basse et d'un air d'inquiétude.

SCÈNE III.
GUBETTA, GENNARO, MAFFIO, JEPPO, ASCANIO, DON APOSTOLO, OLOFERNO.

MAFFIO, *bas*. — Vous direz ce que vous voudrez, messieurs, on peut se dispenser de venir à Ferrare quand on a blessé au cœur madame Lucrèce Borgia.

DON APOSTOLO. — Que pouvions-nous faire? Le sénat nous envoie ici. Est-ce qu'il y a moyen d'éluder les ordres du sérénissime sénat de Venise? Une fois désignés, il fallait partir. Je ne me dissimule pourtant pas, Maffio, que la Lucrezia Borgia est en effet une redoutable ennemie. Elle est la maîtresse ici.

JEPPO. — Que veux-tu qu'elle nous fasse, Apostolo? Ne sommes-nous pas au service de la république de Venise? Ne faisons-nous pas partie de son ambassade? Toucher à un cheveu de notre tête, ce serait déclarer la guerre au doge, et Ferrare ne se frotte pas volontiers à Venise.

GENNARO, *rêveur dans un coin du théâtre, sans se mêler à la conversation*. — Oh! ma mère! ma mère! Qui me dira ce que je puis faire pour ma pauvre mère?

MAFFIO. — On peut te coucher de tout ton long dans le sépulcre, Jeppo, sans toucher à un cheveu de ta tête. Il y a des poisons qui font les affaires des Borgia sans éclat et sans bruit, et beaucoup mieux que la hache ou le poignard. Rappelle-toi la manière dont Alexandre VI a fait disparaître du monde le sultan Zizimi, frère de Bajazet.

OLOFERNO. — Et tant d'autres.

DON APOSTOLO. — Quant au frère de Bajazet, son histoire est curieuse, et n'est pas des moins sinistres. Le pape lui persuada que Charles de France l'avait empoisonné le jour où ils firent collation ensemble; Zizimi crut tout, et reçut des belles mains de Lucrèce Borgia un soi-disant contre-poison qui, en deux heures, délivra de lui son frère Bajazet.

JEPPO. — Il paraît que ce brave Turc n'entendait rien à la politique.

MAFFIO. — Oui, les Borgia ont des poisons qui tuent en un jour, en un mois, en un an, à leur gré. Ce sont d'infâmes poisons qui rendent le vin meilleur, et font vider le flacon avec plus de plaisir. Vous vous croyez ivre, vous êtes mort. Ou bien un homme tombe tout à coup en langueur, sa peau se ride, ses yeux se cavent, ses cheveux blanchissent, ses dents se brisent comme verre sur le pain; il ne marche plus, il se traîne; il ne respire plus, il râle; il ne rit plus, il ne dort plus, il grelotte au soleil en plein midi; jeune homme il a l'air d'un vieillard; il agonise ainsi quelque temps, enfin il meurt. Il meurt; et alors on se souvient qu'il y a six mois ou un an il a bu un verre de vin de Chypre chez un Borgia. (*Se retournant*.) — Tenez, messeigneurs, voilà justement Montefeltro, que vous connaissez peut-être, qui est de cette ville, et à qui la chose arrive en ce moment. — Il passe là au fond de la place. — Regardez-le.

On voit passer au fond du théâtre un homme à cheveux blancs, maigre, chancelant, boitant, appuyé sur un bâton, et enveloppé d'un manteau.

ASCANIO. — Pauvre Montefeltro!

DON APOSTOLO. — Quel âge a-t-il?

MAFFIO. — Mon âge. Vingt-neuf ans.

OLOFERNO. — Je l'ai vu l'an passé rose et frais comme vous.

MAFFIO. — Il y a trois mois, il a soupé chez notre saint-père le pape, dans sa vigne du Belvédère!

ASCANIO. — C'est horrible!

MAFFIO. — Oh! l'on conte des choses bien étranges de ces soupers des Borgia!

ASCANIO. — Ce sont des débauches effrénées, assaisonnées d'empoisonnements.

MAFFIO. — Voyez, messeigneurs, comme cette place est déserte autour de nous. Le peuple ne s'aventure pas si près que nous du palais ducal; il a peur que les poisons qui s'y élaborent jour et nuit ne transpirent à travers les murs.

ASCANIO. — Messieurs, à tout prendre, les ambassadeurs ont eu hier leur audience du duc. Notre office est à peu près fini. La suite de l'ambassade se compose de cinquante cavaliers. Notre disparition ne s'apercevrait guère dans le nombre, et je crois que nous ferions sagement de quitter Ferrare.

JEPPO. — Aujourd'hui même!

JEPPO. — Messieurs, il sera temps demain. Je suis invité à souper ce soir chez la princesse Negroni, dont je suis fort éperdument amoureux, et je ne voudrais pas avoir l'air de fuir devant la plus jolie femme de Ferrare.

OLOFERNO. — Tu es invité à souper ce soir chez la princesse Negroni?

JEPPO. — Oui.

OLOFERNO. — Et moi aussi.

ASCANIO. — Et moi aussi.

DON APOSTOLO. — Et moi aussi.

MAFFIO. — Et moi aussi.

GUBETTA, *sortant de l'ombre du pilier*. — Et moi aussi, messieurs.

JEPPO. — Tiens, voilà monsieur de Belverana. Eh bien! nous irons tous ensemble; ce sera une joyeuse soirée. Bonjour, monsieur de Belverana.

GUBETTA. — Que Dieu vous garde longues années, seigneur Jeppo.

MAFFIO, *bas à Jeppo*. — Vous allez encore me trouver bien timide, Jeppo. Eh bien! si vous m'en croyiez, n nus n'irions pas à ce souper. Le palais Negroni touche au palais ducal, et je n'ai pas grande croyance aux airs aimables de ce seigneur Belverana.

JEPPO, *bas*. — Vous êtes fou, Maffio. La Negroni est une femme charmante, je vous dis que j'en suis amoureux, et le Belverana est un brave homme. Le nom est des bons et des siens. Mon père était avec son père au siége de Grenade, en quatorze cent quatre-vingt et tant.

MAFFIO. — Cela ne prouve pas que celui-ci soit le fils du père avec qui était votre père.

JEPPO. — Vous êtes libre de ne pas venir souper, Maffio.

MAFFIO. — J'irai si vous y allez, Jeppo.

JEPPO. — Vive Jupiter, alors! Et toi, Gennaro, est-ce que tu n'es pas des nôtres, ce soir?

ASCANIO. — Est-ce que la Negroni ne t'a pas invité?

GENNARO. — Non. La princesse m'aura trouvé trop médiocre gentilhomme.

MAFFIO, *souriant*. — Alors, mon frère, tu iras de ton côté à quelque rendez-vous d'amour, n'est-ce pas?

JEPPO. — A propos, conte-nous donc un peu ce que te disait madame Lucrèce l'autre soir. Il paraît qu'elle est folle de toi. Elle a dû t'en dire long. La liberté du bal était une bonne fortune pour elle. Les femmes ne déguisent leur personne que pour déshabiller plus hardiment leur âme. Visage masqué, cœur à nu.

Depuis quelques instants dona Lucrezia est sur le balcon, dont elle a entr'ouvert la jalousie. Elle écoute.

MAFFIO. — Ah! tu es venu te loger précisément en face de son balcon. Gennaro! Gennaro!

DON APOSTOLO. — Ce qui n'est pas sans danger, mon camarade; car on dit ce digne duc de Ferrare fort jaloux de madame sa femme.

OLOFERNO. — Allons, Gennaro, dis-nous où tu en es de ton amourette avec la Lucrèce Borgia.

GENNARO. — Messeigneurs, si vous me parlez encore de cette horrible femme, il y aura des épées qui reluiront au soleil.

DONA LUCREZIA, *sur le balcon, à part.* — Hélas !

MAFFIO. — C'est pure plaisanterie, Gennaro. Mais il me semble qu'on peut bien te parler de cette dame, puisque tu portes ses couleurs.

GENNARO. — Que veux-tu dire?

MAFFIO, *lui montrant l'écharpe qu'il porte.* — Cette écharpe !

JEPPO. — Ce sont, en effet, les couleurs de Lucrèce Borgia.

GENNARO. — C'est Fiametta qui me l'a envoyée.

MAFFIO. — Tu le crois. Lucrèce te l a fait dire. Mais c'est Lucrèce qui a brodé l'écharpe de ses propres mains pour toi.

GENNARO. — En es-tu sûr, Maffio? Par qui le sais-tu?

MAFFIO. — Par ton valet qui t'a remis l'écharpe, et qu'elle a gagné.

GENNARO. — Damnation !

Il arrache l'écharpe, la déchire, et la foule aux pieds.

DONA LUCREZIA, *à part.* — Hélas!

Elle referme la jalousie et se retire.

MAFFIO. — Cette femme est belle pourtant !

JEPPO. — Oui, mais il y a quelque chose de sinistre empreint sur sa beauté.

MAFFIO. — C'est un ducat d'or à l'effigie de Satan.

GENNARO. — Oh! maudite soit cette Lucrèce Borgia! Vous dites qu'elle m'aime, cette femme! Eh bien ! tant mieux, que ce soit son châtiment! Elle me fait horreur! oui ! elle me fait horreur! Tu sais, Maffio, cela est toujours ainsi, il n'y a pas moyen d'être indifférent pour une femme qui nous aime. Il faut l'aimer ou la haïr. Et comment aimer celle-là? Il arrive aussi que, plus on est persécuté par l'amour de ces sortes de femmes, plus on les hait. Celle-ci m'obsède, m'investit, m'assiège. Par où ai-je pu mériter l'amour d'une Lucrèce Borgia ? Cela n'est-il pas une honte et une calamité? Depuis cette nuit où vous m'avez dit son nom d'une façon si éclatante, vous ne sauriez croire à quel point la pensée de cette femme scélérate m'est odieuse. Autrefois, je ne voyais Lucrèce Borgia que de loin, à travers mille intervalles, comme un fantôme terrible debout sur toute l'Italie, comme le spectre de tout le monde. Maintenant ce spectre est mon spectre à moi; il vient s'asseoir à mon chevet; il m'aime, ce spectre, et veut se coucher dans mon lit! Par ma mère, c'est épouvantable! Ah ! Maffio, elle a tué monsieur de Gravina, elle a tué ton frère! Eh bien! ton frère, je le remplacerai près de toi, et je le vengerai près d'elle. — Voilà donc son exécrable palais! palais de la luxure, palais de la trahison, palais de l'assassinat, palais de l'adultère, palais de l'inceste, palais de tous les crimes, palais de Lucrèce Borgia! Oh! la marque d'infamie que je ne puis lui mettre au front, à cette femme, je veux la mettre au moins au front de son palais!

Il monte sur le banc de pierre qui est au-dessous du balcon, et, avec son poignard, il fait sauter la première lettre du nom de Borgia, gravé sur le mur, de façon qu'il ne reste plus que ce mot : — **ORGIA.**

MAFFIO. — Que diable fait-il?

JEPPO. — Gennaro, cette lettre de moins au nom de madame Lucrèce, c'est ta tête de moins sur tes épaules.

GUBETTA. — Monsieur Gennaro, voilà un calembour qui fera mettre demain la moitié de la ville à la question.

GENNARO. — Si l'on cherche le coupable, je me présenterai.

GUBETTA, *à part.* — Je le voudrais, pardieu ! Cela embarrasserait madame Lucrèce.

Depuis quelques instants, deux hommes vêtus de noir se promènent sur la place et observent.

MAFFIO. — Messieurs, voilà des gens de mauvaise mine qui nous regardent un peu curieusement. Je crois qu'il serait prudent de nous séparer. — Ne fais pas de nouvelles folies, frère Gennaro.

GENNARO. — Sois tranquille, Maffio. Ta main? — Messieurs, bien de la joie cette nuit!

Il rentre chez lui ; les autres se dispersent.

SCÈNE IV.

LES DEUX HOMMES, vêtus de noir.

PREMIER HOMME. — Que diable fais-tu là, Rustighello?

DEUXIÈME HOMME. — J'attends que tu t'en ailles, Astolfo.

PREMIER HOMME. — En vérité?

DEUXIÈME HOMME. — Et toi, que fais-tu là, Astolfo?

PREMIER HOMME. — J'attends que tu t'en ailles, Rustighello.

DEUXIÈME HOMME. — A qui donc as-tu affaire, Astolfo?

PREMIER HOMME. — A l'homme qui vient d'entrer là. Et toi, à qui en veux-tu?

DEUXIÈME HOMME. — Au même.

PREMIER HOMME. — Diable!

DEUXIÈME HOMME. — Qu'est-ce que tu veux en faire?

PREMIER HOMME. — Le mener chez la duchesse. — Et toi?

DEUXIÈME HOMME. — Je veux le mener chez le duc.

PREMIER HOMME. — Diable!

DEUXIÈME HOMME. — Qu'est-ce qui l'attend chez la duchesse?

PREMIER HOMME. — L'amour sans doute. — Et chez le duc?

DEUXIÈME HOMME. — Probablement la potence.

PREMIER HOMME. — Comment faire? Il ne peut pas être à la fois chez le duc et chez la duchesse, amant heureux et pendu.

DEUXIÈME HOMME. — Voici un ducat. Jouons à croix ou pile à qui de nous deux aura l'homme.

PREMIER HOMME. — C'est dit.

DEUXIÈME HOMME. — Ma foi, si je perds, je dirai tout bonnement au duc que j'ai trouvé l'oiseau déniché. Cela m'est bien égal, les affaires du duc.

Il jette un ducat en l'air.

PREMIER HOMME. — Pile.

DEUXIÈME HOMME, *regardant à terre.* — C'est face.

PREMIER HOMME. — L'homme sera pendu. Prends-le. Adieu.

DEUXIÈME HOMME. — Bonsoir !

L'autre une fois disparu, il ouvre la porte basse sous le balcon, y entre, et revient un moment après accompagné de quatre sbires, avec lesquels il va frapper à la porte de la maison où est entré Gennaro. La toile tombe.

ACTE DEUXIÈME

LE COUPLE

PREMIÈRE PARTIE

Une salle du palais ducal de Ferrare. Tentures de cuir de Hongrie frappées d'arabesques d'or. Ameublement magnifique dans le goût de la fin du quinzième siècle en Italie. — Le fauteuil ducal en velours rouge, brodé aux armes de la maison d'Este. A côté, une table couverte de velours rouge. — Au fond, une grande porte. A droite une petite porte. A gauche, une autre petite porte masquée. Derrière la petite porte masquée, on voit, dans un compartiment ménagé sur le théâtre, la naissance d'un escalier en spirale qui s'enfonce sous le plancher, et qui est éclairé par une longue et étroite fenêtre grillée.

SCÈNE PREMIÈRE.

DON ALPHONSE D'ESTE, en magnifique costume à ses couleurs, RUSTIGHELLO, vêtu des mêmes couleurs, mais d'étoffes plus simples.

RUSTIGHELLO. — Monseigneur le duc, voilà vos premiers ordres exécutés. J'en attends d'autres.
DON ALPHONSE. — Prends cette clef. Va à la galerie de Numa. Compte tous les panneaux de la boiserie, à partir de la grande figure peinte qui est près de la porte, et qui représente Hercule, fils de Jupiter, un de mes ancêtres. Arrivé au vingt-troisième panneau, tu verras une petite ouverture cachée dans la gueule d'une guivre dorée, qui est une guivre de Milan. C'est Ludovic le Maure qui a fait faire ce panneau. Introduis la clef dans cette ouverture. Le panneau tournera sur ses gonds comme une porte. Dans l'armoire secrète qu'il recouvre, tu verras sur un plateau de cristal un flacon d'or et un flacon d'argent avec deux coupes en émail. Dans le flacon d'argent il y a de l'eau pure. Dans le flacon d'or il y a du vin préparé. Tu apporteras le plateau, sans y rien déranger, dans le cabinet voisin de cette chambre, Rustighello, et, si tu as jamais entendu des gens, dont les dents claquaient de terreur, parler de ce fameux poison des Borgia qui, en poudre, est blanc et scintillant comme de la poussière de marbre de Carrare, et qui, mêlé au vin, change du vin de Romorantin en vin de Syracuse, tu te garderas de toucher au flacon d'or.
RUSTIGHELLO. — Est-ce là tout, monseigneur?
DON ALPHONSE. — Non. Tu prendras ta meilleure épée, et tu te tiendras dans le cabinet, debout, derrière la porte, de manière à entendre tout ce qui se passera ici et à pouvoir entrer au premier signal que je te donnerai avec cette clochette d'argent, dont tu connais le son. (Il montre une clochette sur la table.) Si j'appelle simplement : — Rustighello! — tu entreras avec le plateau. Si je secoue la clochette, tu entreras avec l'épée.
RUSTIGHELLO. — Il suffit, monseigneur.
DON ALPHONSE. — Tu tiendras ton épée nue à la main, afin de n'avoir pas la peine de la tirer.
RUSTIGHELLO. — Bien.
DON ALPHONSE. — Rustighello! prends deux épées. Une peut se briser. — Va.

Rustighello sort par la petite porte.

UN HUISSIER, entrant par la porte du fond. — Notre dame la duchesse demande à parler à notre seigneur le duc.
DON ALPHONSE. — Faites entrer ma dame.

SCÈNE II.

DON ALPHONSE, DONA LUCREZIA.

DONA LUCREZIA, entrant avec impétuosité. — Monsieur, monsieur, ceci est indigne, ceci est odieux, ceci est infâme. Quelqu'un de votre peuple, — savez-vous cela, don Alphonse? — vient de mutiler le nom de votre femme gravé au-dessous de mes armoiries de famille sur la façade de votre propre palais. La chose s'est faite en plein jour, publiquement, par qui? je l'ignore; mais c'est bien injurieux et bien téméraire. On a fait de mon nom un écriteau d'ignominie, et votre populace de Ferrare, qui est bien la plus infâme populace de l'Italie, monseigneur, hurle et ricane autour de mon blason comme autour d'un pilori. Est-ce que vous vous imaginez, don Alphonse, que je m'accommode de cela, et que je n'aimerais pas mieux mourir en une fois d'un coup de poignard qu'en mille fois de la piqûre, envenimée du sarcasme et du quolibet? Pardieu, monsieur, on me traite étrangement dans votre seigneurie de Ferrare! Ceci commence à me lasser, et je vous trouve l'air trop gracieux et trop tranquille pendant qu'on traîne dans les ruisseaux de votre ville la renommée de votre femme, déchiquetée à belles dents par l'injure et la calomnie. Il me faut une réparation éclatante de ceci, je vous en préviens, monsieur le duc. Préparez-vous à faire justice. C'est un événement sérieux qui arrive là, voyez-vous? Est-ce que vous croyez par hasard que je ne tiens à l'estime de personne au monde et que mon mari peut se dispenser d'être mon chevalier? Non, non, monseigneur; qu'épouse protégée, qui donne la main donne le bras. J'y compte. Tous les jours ce sont de nouvelles injures, et jamais je ne vous en vois ému. Est-ce que cette boue dont on me couvre ne vous éclabousse pas, don Alphonse? Allons, sur mon âme, courroucez-vous donc un peu, que je vous voie, une fois dans votre vie, vous fâcher à mon sujet, monsieur! Vous êtes amoureux de moi, dites-vous quelquefois; soyez-le donc de ma gloire. Vous êtes jaloux, soyez-le de ma renommée. Si j'ai doublé par ma dot vos domaines héréditaires; si je vous ai apporté en mariage non-seulement la rose d'or et la bénédiction du saint-père, mais, ce qui tient plus de place sur la surface du monde, Sienne, Rimini, Cesena, Spolette et Piombino, et plus de villes que vous n'aviez de châteaux, et plus de duchés que vous n'aviez de baronnies: si j'ai fait de vous le plus puissant gentilhomme de l'Italie. ce n'est pas une raison, monsieur, pour que vous laissiez votre peuple me railler, me publier et m'insulter; pour que vous laissiez votre Ferrare montrer du doigt à toute l'Europe votre femme plus méprisée et plus bas placée que la servante des valets de vos palefreniers; ce n'est pas une raison, dis-je, pour que vos sujets ne puissent me voir passer au milieu d'eux sans dire : — Ah! cette femme!... — Or, je vous le déclare, monsieur, je veux que le crime d'aujourd'hui soit recherché et notablement puni, ou je m'en plaindrai au pape, je m'en plaindrai au Valentinois, qui est à Forli avec quinze mille hommes de guerre; et, voyez maintenant si cela vaut la peine de vous lever de votre fauteuil.
DON ALPHONSE. — Madame, le crime dont vous vous plaignez m'est connu.
DONA LUCREZIA. — Comment, monsieur! le crime vous est connu, et le criminel n'est pas encore découvert!
DON ALPHONSE. — Le criminel est découvert.
DONA LUCREZIA. — Vive Dieu! s'il est découvert, comment se fait-il qu'il ne soit pas arrêté?
DON ALPHONSE. — Il est arrêté, madame.
DONA LUCREZIA. — Sur mon âme, s'il est arrêté, d'où vient qu'il n'est pas encore puni?
DON ALPHONSE. — Il va l'être. J'ai voulu avoir votre avis sur le châtiment.
DONA LUCREZIA. — Et vous avez bien fait, monseigneur. Où est-il?
DON ALPHONSE. — Ici.
DONA LUCREZIA. — Ah! ici! — Il me faut un exemple, entendez-vous, monsieur? C'est un crime de lèse-majesté. Ces crimes-là font toujours tomber la tête qui les conçoit et la main qui les exécute! — Ah! il est ici! je veux le voir.
DON ALPHONSE. — C'est facile. (Appelant.) — Bautista!

L'huissier reparaît.

DONA LUCREZIA. — Encore un mot, monsieur, avant que le coupable soit introduit. — Quel que soit cet homme, fût-il de votre ville, fût-il de votre maison, don Alphonse, donnez-moi votre parole de duc couronné qu'il ne sortira pas d'ici vivant.
DON ALPHONSE. — Je vous la donne. — Je vous la donne, entendez-vous, madame?
DONA LUCREZIA. — C'est bien. Eh! sans doute j'entends. Amenez-le maintenant, que je l'interroge moi-même! — Mon Dieu, qu'est-ce que je leur ai donc fait, à ces gens de Ferrare, pour me persécuter ainsi!
DON ALPHONSE, à l'huissier. — Faites entrer le prisonnier.

La porte du fond s'ouvre. On voit paraître Gennaro, désarmé, entre deux pertuisaniers. Dans le même moment, on voit Rustighello monter l'escalier dans le petit compartiment à gauche, derrière la porte masquée; il tient à la main un plateau sur lequel il y a un flacon doré, un flacon argenté et deux coupes. Il pose le plateau sur l'appui de la fenêtre, tire son épée et se place derrière la porte.

SCÈNE III.

Les Mêmes, GENNARO.

DONA LUCREZIA, *à part.* — Gennaro !

DON ALPHONSE, *s'approchant d'elle, bas et avec un sourire.* — Est-ce que vous connaissez cet homme ?

DONA LUCREZIA, *à part.* — C'est Gennaro ! — Quelle fatalité, mon Dieu !

Elle le regarde avec angoisse; il détourne les yeux.

GENNARO. — Monseigneur le duc, je suis un simple capitaine, et je vous parle avec le respect qu'il convient. Votre Altesse m'a fait saisir dans mon logis ce matin ; que me veut-elle ?

DON ALPHONSE. — Seigneur capitaine, un crime de lèse-majesté humaine a été commis ce matin vis-à-vis la maison que vous habitez. Le nom de notre bien-aimée épouse et cousine dona Lucrezia Borgia a été insolemment balafré sur la face de notre palais ducal. Nous cherchons le coupable.

DONA LUCREZIA. — Ce n'est pas lui ! il y a méprise, don Alphonse. Ce n'est pas ce jeune homme !

DON ALPHONSE. — D'où le savez-vous ?

DONA LUCREZIA. — J'en suis sûre. Ce jeune homme est de Venise et non de Ferrare. Ainsi...

DON ALPHONSE. — Qu'est-ce que cela prouve ?

DONA LUCREZIA. — Le fait a eu lieu ce matin, et je sais qu'il a passé la matinée chez une nommée Fiammetta.

GENNARO. — Non, madame.

DON ALPHONSE. — Vous voyez bien que Votre Altesse est mal instruite. Laissez-moi l'interroger. — Capitaine Gennaro, êtes-vous celui qui a commis le crime ?

DONA LUCREZIA, *éperdue.* — On étouffe ici ! de l'air ! de l'air ! J'ai besoin de respirer un peu ! (*Elle va à une fenêtre, et, en passant à côté de Gennaro, elle lui dit rapidement.*) — Dis que ce n'est pas toi !

DON ALPHONSE, *à part.* — Elle lui a parlé bas.

GENNARO. — Duc Alphonse, les pêcheurs de Calabre qui m'ont élevé et qui m'ont trempé tout jeune dans la mer pour me rendre fort et hardi, m'ont enseigné cette maxime, avec laquelle on peut risquer souvent sa vie, jamais son honneur : — Fais ce que tu dis, dis ce que tu fais. — Duc Alphonse, je suis l'homme que vous cherchez.

DON ALPHONSE, *se tournant vers dona Lucrezia.* — Vous avez ma parole de duc couronné, madame.

DONA LUCREZIA. — J'ai deux mots à vous dire en particulier, monseigneur.

Le duc fait signe à l'huissier et aux gardes de se retirer avec le prisonnier dans la salle voisine.

SCÈNE IV.

DONA LUCREZIA, DON ALPHONSE.

DON ALPHONSE. — Que me voulez-vous, madame ?

DONA LUCREZIA. — Ce que je vous veux, don Alphonse, c'est que je ne veux pas que ce jeune homme meure.

DON ALPHONSE. — Il n'y a qu'un instant, vous êtes entrée chez moi comme la tempête, irritée et pleurante, vous vous êtes plainte à moi d'un outrage fait à vous, vous avez réclamé avec injure et cris la tête du coupable, vous m'avez demandé ma parole ducale qu'il ne sortirait pas d'ici vivant, je vous l'ai loyalement octroyée, et, maintenant, vous ne voulez pas qu'il meure ! — Par Jésus, madame, ceci est nouveau !

DONA LUCREZIA. — Je ne veux pas que ce jeune homme meure, monsieur le duc !

DON ALPHONSE. — Madame, les gentilshommes aussi prouvés que moi n'ont pas coutume de laisser leur foi en gage. Vous avez ma parole, il faut que je la retire. J'ai juré que le coupable mourrait, il mourra. Sur mon âme, vous pouvez choisir le genre de mort.

DONA LUCREZIA, *d'un air riant et plein de douceur.* — Don Alphonse, don Alphonse, en vérité, nous disons là des folies vous et moi. Tenez, c'est vrai, je suis une femme pleine de déraison. Mon père m'a gâtée ; que voulez-vous ? on a depuis mon enfance obéi à tous mes caprices. Ce que je voulais il y a un quart d'heure, je ne le veux plus à présent. Vous savez bien, don Alphonse, que j'ai toujours été ainsi. Tenez, asseyez-vous là, près de moi, et causons un peu, tendrement, cordialement, comme mari et femme, comme deux bons amis.

DON ALPHONSE, *prenant de son côté un air de galanterie.* — Dona Lucrezia, vous êtes ma dame, et je suis trop heureux qu'il vous plaise de m'avoir un instant à vos pieds.

Il s'assied près d'elle.

DONA LUCREZIA. — Comme cela est bon de s'entendre ! Savez-vous bien, Alphonse, que je vous aime encore comme le premier jour de mon mariage, ce jour où vous fîtes une si éblouissante entrée à Rome, entre monsieur de Valentinois, mon frère, et monsieur le cardinal Hippolyte d'Este, le vôtre ? J'étais sur le balcon des degrés de Saint-Pierre. Je me rappelle encore votre beau cheval blanc chargé d'orfévrerie d'or, et l'illustre mine de roi que vous aviez dessus !

DON ALPHONSE. — Vous étiez vous-même bien belle, madame, et bien rayonnante sous votre dais de brocart d'argent.

DONA LUCREZIA. — Oh ! ne me parlez pas de moi, monseigneur, quand je vous parle de vous. Il est certain que toutes les princesses de l'Europe m'envient d'avoir épousé le meilleur chevalier de la chrétienté. Et moi je vous aime vraiment comme si j'avais dix-huit ans. Vous savez que je vous aime, n'est-ce pas, Alphonse ? Vous n'en doutez jamais, au moins. Je suis froide quelquefois, et distraite ; cela vient de mon caractère, non de mon cœur. Ecoutez, Alphonse, si Votre Altesse me grondait doucement, je me corrigerais bien vite. La bonne chose de s'aimer comme nous faisons ! Donnez-moi votre main, — embrassez-moi, don Alphonse ! — En vérité, j'y songe maintenant, il est bien ridicule qu'un prince et une princesse comme vous et moi, qui sont assis côte à côte sur le plus beau trône ducal qui soit au monde, et qui s'aiment, aient été sur le point de se quereller pour un misérable petit capitaine aventurier vénitien. Il faut chasser cet homme et n'en plus parler. Qu'il aille où il voudra, ce drôle, n'est-ce pas, Alphonse ? le lion et la lionne ne se courroucent pas d'un moucheron. — Savez-vous, monseigneur, que si la couronne ducale était à donner en concours au plus beau cavalier de votre duché de Ferrare, c'est encore vous qui l'auriez ? — Attendez, que j'aille dire à Bautista de votre part qu'il ait à chasser au plus vite de Ferrare ce Gennaro !

DON ALPHONSE. — Rien ne presse.

DONA LUCREZIA, *d'un air enjoué.* — Je voudrais n'avoir plus à y songer. — Allons, monsieur, laissez-moi terminer cette affaire à ma guise !

DON ALPHONSE. — Il faut que celle-ci se termine à la mienne.

DONA LUCREZIA. — Mais enfin, mon Alphonse, vous n'avez pas de raison pour vouloir la mort de cet homme.

DON ALPHONSE. — Et la parole que je vous ai donnée ? le serment d'un roi est sacré.

DONA LUCREZIA. — Cela est bon à dire au peuple. Mais de vous à moi, Alphonse, nous savons ce que c'est. Le saint-père avait promis à Charles VIII de France la vie de Zizimi, Sa Sainteté n'en a pas moins fait mourir Zizimi. Monsieur de Valentinois s'était constitué sur parole ôtage du même enfant Charles VIII, monsieur de Valentinois s'est évadé du camp français dès qu'il a pu. Vous-même, vous aviez promis aux Petrucci de leur rendre Sienne. Vous ne l'avez pas fait, ni dû faire. Eh ! l'histoire des pays est pleine de cela. Ni rois ni nations ne pourraient vivre un jour avec la rigidité des serments qu'on tiendrait Entre nous, Alphonse, une parole jurée n'est une nécessité que quand il n'y en a pas d'autre.

DON ALPHONSE. — Pourtant, dona Lucrezia, un serment...

DONA LUCREZIA. — Ne me donnez pas de ces mauvaises raisons-là. Je ne suis pas une sotte. Dites-moi plutôt, mon cher Alphonse, si vous avez quelques motifs d'en vouloir à ce Gennaro. Non. Eh bien! accordez-moi sa vie. Vous m'aviez bien accordé sa mort. Qu'est-ce que cela vous fait? S'il me plait de lui pardonner? C'est moi qui suis l'offensée.

DON ALPHONSE. — C'est justement parce qu'il vous a offensée, mon amour, que je ne veux pas lui faire grâce.

DONA LUCREZIA. — Si vous m'aimez, Alphonse, vous ne me refuserez pas plus longtemps. Et s'il me plait d'essayer de la clémence, à moi? C'est un moyen de me faire aimer de votre peuple. Je veux que votre peuple m'aime. La miséricorde, Alphonse, cela fait ressembler un roi à Jésus-Christ. Soyons des souverains miséricordieux. Cette pauvre Italie a assez de tyrans sans nous depuis le baron vicaire du pape jusqu'au pape vicaire de Dieu. Finissons-en, cher Alphonse. Mettez ce Gennaro en liberté. C'est un caprice, si vous voulez; mais c'est quelque chose de sacré et d'auguste que le caprice d'une femme quand il sauve la tête d'un homme.

DON ALPHONSE. — Je ne puis, chère Lucrèce.

DONA LUCREZIA. — Vous ne pouvez? mais enfin pourquoi ne pouvez-vous pas m'accorder quelque chose d'aussi insignifiant que la vie de ce capitaine?

DON ALPHONSE. — Vous me demandez pourquoi, mon amour?

DONA LUCREZIA. — Oui, pourquoi?

DON ALPHONSE. — Parce que ce capitaine est votre amant, madame!

DONA LUCREZIA. — Ciel!

DON ALPHONSE. — Parce que vous l'avez été chercher à Venise! Parce que vous l'iriez chercher en enfer! Parce que je vous ai suivie pendant que vous le suiviez! Parce que je vous ai vue, masquée et haletante, courir après lui comme la louve après sa proie! Parce que tout à l'heure encore vous le couviez d'un regard plein de pleurs et plein de flamme! Parce que vous êtes prostituée à lui, sans aucun doute, madame! Parce que c'est assez de honte et d'infamie et d'adultère comme cela! Parce qu'il est temps que je venge mon honneur, et que je fasse couler autour de mon lit un fossé de sang, entendez-vous, madame?

DONA LUCREZIA. — Don Alphonse...

DON ALPHONSE. — Taisez-vous. — Veillez sur vos amants désormais, Lucrèce! La porte par laquelle on entre dans votre chambre de nuit, mettez-y tel huissier qu'il vous plaira; mais à la porte par où l'on sort, il y aura maintenant un portier de mon choix, — le bourreau!

DONA LUCREZIA. — Monseigneur, je vous jure...

DON ALPHONSE. — Ne jurez pas. Les serments, cela est bon pour le peuple. Ne me donnez pas de ces mauvaises raisons-là.

DONA LUCREZIA. — Si vous saviez...

DON ALPHONSE. — Tenez, madame, je hais toute votre abominable famille de Borgia, et vous toute la première, que j'ai si follement aimée! Il faut que je vous dise un peu cela à la fin, c'est une chose honteuse, inouïe et merveilleuse de voir alliées en nos deux personnes la maison d'Este, qui vaut mieux que la maison de Valois et que la maison de Tudor, la maison d'Este, dis-je, et la famille Borgia, qui ne s'appelle pas même Borgia, qui s'appelle Lenzuoli, ou Lenzolio, on ne sait quoi! J'ai horreur de votre frère César, qui a des taches de sang naturelles au visage! de votre frère César, qui a tué votre frère Jean! J'ai horreur de votre mère la Rosa Vanozza, la vieille fille de joie espagnole qui scandalise Rome après avoir scandalisé Valence! Et quant à vos neveux prétendus, les ducs de Sermoneto et de Nepi, de beaux ducs, ma foi! des ducs d'hier, des ducs faits avec des duchés volés! Laissez-moi finir. J'ai horreur de votre père, qui est pape, et qui a un sérail de femmes comme le sultan des Turcs Bajazet; de votre père, qui est l'Ante-christ; de votre père, qui peuple le bagne de personnes illustres et le sacré collège de bandits, si bien qu'en les voyant tous vêtus de rouge, galériens et cardinaux, on se demande si ce sont les galériens qui sont les cardinaux et les cardinaux qui sont les galériens! — Allez maintenant!

DONA LUCREZIA. — Monseigneur! monseigneur! je vous demande à genoux et à mains jointes, au nom de Jésus et de Marie, au nom de votre père et de votre mère, monseigneur, je vous demande la vie de ce capitaine.

DON ALPHONSE. — Voilà aimer! — Vous pourrez faire de son cadavre ce qu'il vous plaira, madame, et je prétends que ce soit avant une heure.

DONA LUCREZIA. — Grâce pour Gennaro!

DON ALPHONSE. — Si vous pouviez lire la ferme résolution qui est dans mon âme, vous n'en parleriez pas plus que s'il était déjà mort.

DONA LUCREZIA, *se relevant*. — Ah! prenez garde à vous, don Alphonse de Ferrare, mon quatrième mari!

DON ALPHONSE. — Oh! ne faites pas la terrible, madame! sur mon âme, je ne vous crains pas! Je sais vos allures. Je ne me laisserai pas empoisonner comme votre premier mari, ce pauvre gentilhomme d'Espagne dont je ne sais plus le nom, ni vous non plus! Je ne me laisserai pas chasser comme votre second mari, Jean Sforza, seigneur de Pesaro, cet imbécile! Je ne me laisserai pas tuer à coups de pique, sur n'importe quel escalier, comme le troisième, don Alphonse d'Aragon, faible enfant dont le sang n'a guère plus taché les dalles que de l'eau pure! Tout beau! Moi, je suis un homme, madame! Le nom d'Hercule est souvent porté dans ma famille. Par le ciel! j'ai des soldats plein ma ville et plein ma seigneurie, et j'en suis un moi-même, et je n'ai point encore vendu, comme ce pauvre roi de Naples, mes bons canons d'artillerie au pape, votre saint père.

DONA LUCREZIA. — Vous vous repentirez de ces paroles, monsieur. Vous oubliez qui je suis...

DON ALPHONSE. — Je sais fort bien qui vous êtes, mais je sais aussi où vous êtes. Vous êtes la fille du pape, mais vous n'êtes pas à Rome; vous êtes la gouvernante de Spolette, mais vous n'êtes pas à Spolette; vous êtes la femme, la sujette et la servante d'Alphonse, duc de Ferrare, et vous êtes à Ferrare! (*Dona Lucrezia toute pâle de terreur et de colère, regarde fixement le duc et recule lentement devant lui, jusqu'à un fauteuil où elle vient tomber comme brisée.*) — Ah! cela vous étonne! vous avez peur de moi, madame; jusqu'ici, c'était moi qui avais peur de vous. J'entends qu'il en soit ainsi désormais, et, pour commencer, voici le premier de vos amants sur lequel je mets la main, il mourra.

DONA LUCREZIA, *d'une voix faible.* — Raisonnons un peu, don Alphonse. Si cet homme est celui qui a commis envers moi le crime de lèze-majesté, il ne peut être en même temps mon amant.

DON ALPHONSE. — Pourquoi non? Dans un accès de dépit, de colère, de jalousie! car il est peut-être jaloux aussi, lui. D'ailleurs, est-ce que je sais, moi! Je veux que cet homme meure. C'est ma fantaisie. Ce palais est plein de soldats qui me sont dévoués et qui ne connaissent que moi. Il ne peut échapper. Vous n'empêcherez rien, madame. J'ai laissé à Votre Altesse le choix du genre de mort : décidez-vous.

DONA LUCREZIA, *se tordant les mains.* — O !mon Dieu! ô mon Dieu! ô mon Dieu!

DON ALPHONSE. — Vous ne répondez pas? Je vais le faire tuer dans l'antichambre à coups d'épée.

Il va pour sortir, elle lui saisit le bras.

DONA LUCREZIA. — Arrêtez!

DON ALPHONSE. —Aimez-vous mieux lui verser vous-même un verre de vin de Syracuse?

DONA LUCREZIA. — Gennaro!

DON ALPHONSE. — Il faut qu'il meure.

DONA LUCREZIA. — Pas à coups d'épée!

DON ALPHONSE. — La manière m'importe peu. — Que choisissez-vous?

DONA LUCREZIA. — L'autre chose.

DON ALPHONSE. — Vous aurez soin de ne pas vous tromper, et de lui verser vous-même du flacon d'or que vous savez. Je serai là d'ailleurs. Ne vous figurez pas que je vais vous quitter.

DONA LUCREZIA. — Je ferai ce que vous voulez.

DON ALPHONSE. — Bautista! (*L'huissier reparaît.*) — Ramenez le prisonnier!

DONA LUCREZIA. — Vous êtes un homme affreux, monseigneur!

SCÈNE V.

Les Mêmes, GENNARO, les Gardes.

DON ALPHONSE. — Qu'est-ce que j'entends dire, seigneur Gennaro? Que ce que vous avez fait ce matin, vous l'avez fait par étourderie et bravade et sans intention méchante? que madame la duchesse vous pardonne, et que d'ailleurs vous êtes un vaillant. Par ma mère, s'il en est ainsi, vous pouvez retourner sain et sauf à Venise. A Dieu ne plaise que je prive la magnifique république de Venise d'un bon domestique et la chrétienté d'un bras fidèle qui porte une fidèle épée quand il y a devers les eaux de Chypre et de Candie des idolâtres et des Sarrasins!

GENNARO. — A la bonne heure, monseigneur! Je ne m'attendais pas, je l'avoue, à ce dénoûment. Mais je remercie Votre Altesse. La clémence est une vertu de race royale, et Dieu fera grâce là-haut à qui aura fait grâce ici-bas.

DON ALPHONSE. — Capitaine, est-ce un bon service que celui de la république, et combien y gagnez-vous, bon an, mal an?

GENNARO. — J'ai une compagnie de cinquante lances, monseigneur, que je défraye et que j'habille. La sérénissime république, sans compter les aubaines et les épaves, me donne deux mille sequins d'or par an.

DON ALPHONSE. — Et si je vous en offrais quatre mille, prendriez-vous service chez moi?

GENNARO. — Je ne pourrais. Je suis encore pour cinq ans au service de la république. Je suis lié.

DON ALPHONSE. — Comment, lié?

GENNARO. — Par serment.

DON ALPHONSE, *bas à dona Lucrezia.* — Il paraît que ces gens-là tiennent les leurs, madame. (*Haut.*) — N'en parlons plus, seigneur Gennaro.

GENNARO. — Je n'ai fait aucune lâcheté pour obtenir la vie sauve; mais, puisque Votre Altesse me la laisse, voici ce que je puis lui dire maintenant: Votre Altesse se souvient de l'assaut de Faenza, il y a deux ans. Monseigneur le duc Hercule d'Este, votre père, y courut grand péril de la part de deux craneuquiniers du Valentinois qui l'allaient tuer. Un soldat aventurier lui sauva la vie.

DON ALPHONSE. — Oui, et l'on n'a jamais pu retrouver ce soldat.

GENNARO. — C'était moi.

DON ALPHONSE. — Pardieu, mon capitaine, ceci mérite récompense. — Est-ce que vous n'accepteriez pas cette bourse de sequins d'or?

GENNARO. — Nous faisons le serment, en prenant le service de la république, de ne recevoir aucun argent des souverains étrangers. Cependant, si Votre Altesse le permet, je prendrai cette bourse et je la distribuerai en mon nom aux braves soldats que voici.

Il montre les gardes.

DON ALPHONSE. — Faites. (*Gennaro prend la bourse.*) — Mais alors vous boirez avec moi, suivant le vieil usage de nos ancêtres, comme bons amis que nous sommes, un verre de mon vin de Syracuse.

GENNARO. — Volontiers, monseigneur.

DON ALPHONSE. — Et, pour vous faire honneur comme à quelqu'un qui a sauvé mon père, je veux que ce soit madame la duchesse elle-même qui vous le verse. (*Gennaro s'incline et se retourne pour aller distribuer l'argent aux soldats au fond du théâtre. Le duc appelle.*) — Rustighello! (*Rustighello paraît avec le plateau.*) — Pose le plateau là, sur cette table. — Bien. (*Prenant dona Lucrezia par la main.*) — Madame, écoutez ce que je vais dire à cet homme. — Rustighello, retourne te placer derrière cette porte avec ton épée nue à la main. Si tu entends le bruit de cette clochette, tu entreras. Va. (*Rustighello sort, et on le voit se replacer derrière la porte.*) — Madame, vous verserez vous-même à boire au jeune homme, et vous aurez soin de verser du flacon d'or que voici.

DONA LUCREZIA, *pâle et d'une voix faible.* — Oui. — Si vous saviez ce que vous faites en ce moment, et combien c'est une chose horrible, vous frémiriez vous-même, tout dénaturé que vous êtes, monseigneur!

DON ALPHONSE. — Ayez soin de ne pas vous tromper de flacon. — Eh bien! capitaine!

Gennaro, qui a fait sa distribution d'argent, revient sur le devant du théâtre. Le duc se verse à boire dans une des deux coupes d'émail avec le flacon d'argent, et prend la coupe, qu'il porte à ses lèvres.

GENNARO. — Je suis confus de tant de bonté, monseigneur.

DON ALPHONSE. — Madame, versez à boire au seigneur Gennaro. — Quel âge avez-vous, capitaine?

GENNARO, *saisissant l'autre coupe et la présentant à la duchesse.* — Vingt ans.

DON ALPHONSE, *bas à la duchesse, qui essaye de prendre le flacon d'argent.* — Le flacon d'or, madame! (*Elle prend en tremblant le flacon d'or.*) — Ah çà! vous devez être amoureux?

GENNARO. — Qui est-ce qui ne l'est pas un peu, monseigneur?

DON ALPHONSE. — Savez-vous, madame, que c'eût été une cruauté que d'enlever ce capitaine à la vie, à l'amour, au soleil d'Italie, à la beauté de son âge de vingt ans, à son glorieux métier de guerre et d'aventure par où toutes les maisons royales ont commencé, aux fêtes, aux bals masqués, aux gais carnavals de Venise, où ils se trompe tant de maris; et aux belles femmes que ce jeune homme peut aimer et qui doivent aimer ce jeune homme, n'est-ce pas, madame? Versez donc à boire au capitaine. (*Bas.*) — Si vous hésitez, je fais entrer Rustighello.

Elle verse à boire à Gennaro sans dire une parole.

GENNARO. — Je vous remercie, monseigneur, de me laisser vivre pour ma pauvre mère.

DONA LUCREZIA, *à part.* — Oh! horreur!

DON ALPHONSE, *buvant.* — A votre santé, capitaine Gennaro, et vivez beaucoup d'années!

GENNARO. — Monseigneur, Dieu vous le rende!

Il boit.

DON ALPHONSE, *à part.* — C'est fait. (*Haut.*) — Sur ce, je vous quitte, mon capitaine. Vous partirez pour Venise quand vous voudrez. (*Bas à dona Lucrezia.*) — Remerciez-moi, madame, je vous laisse tête à tête avec lui. Vous devez avoir des adieux à lui faire. Vivez avec lui, si bon vous semble, son dernier quart d'heure.

Il sort. Les gardes le suivent.

SCÈNE VI.

DONA LUCREZIA, GENNARO.

On voit toujours dans le compartiment Rustighello immobile derrière la porte masquée.

DONA LUCREZIA. — Gennaro! — Vous êtes empoisonné!

GENNARO. — Empoisonné, madame?

DONA LUCREZIA. — Empoisonné!

GENNARO. — J'aurais dû m'en douter, le vin étant versé par vous.

DONA LUCREZIA. — Oh! ne m'accablez pas, Gennaro. Ne m'ôtez pas le peu de force qui me reste, et dont j'ai besoin encore pour quelques instants. — Ecoutez-moi. Le duc est jaloux de vous, le duc vous croit mon amant. Le duc ne m'a laissé d'autre alternative que de vous voir poignarder devant moi par Rustighello, ou de vous verser

Je veux que ce soit madame la duchesse elle-même qui vous le serve. (Page 15.)

moi-même le poison : un poison redoutable, Gennaro, un poison dont la seule idée fait pâlir tout Italien qui sait l'histoire de ces vingt dernières années.....

GENNARO. — Oui, le poison des Borgia !

DONA LUCREZIA. — Vous en avez bu. Personne au monde ne connaît de contre-poison à cette composition terrible, personne, excepté le pape, monsieur de Valentinois et moi. Tenez, voyez cette fiole que je porte toujours cachée dans ma ceinture. Cette fiole, Gennaro, c'est la vie, c'est la santé, c'est le salut. Une seule goutte sur vos lèvres, et vous êtes sauvé !

Elle veut approcher la fiole des lèvres de Gennaro ; il recule.

GENNARO, *la regardant fixement*. — Madame, qui est-ce qui me dit que ce n'est pas cela qui est du poison ?

DONA LUCREZIA, *tombant anéantie sur le fauteuil*. — Oh ! mon Dieu ! mon Dieu !

GENNARO. — Ne vous appelez-vous pas Lucrèce Borgia ? — Est-ce que vous croyez que je ne me souviens pas du frère de Bajazet ? Oui, je sais un peu d'histoire ! On lui fit accroire, à lui aussi, qu'il était empoisonné par Charles VIII, et on lui donna un contre-poison dont il mourut.

Et la main qui lui présenta le contre-poison, la voilà, elle tient cette fiole ; et la bouche qui lui dit de le boire, la voici, elle me parle !

DONA LUCREZIA. — Misérable femme que je suis !

GENNARO. — Ecoutez, madame : je ne me méprends pas à vos semblants d'amour. Vous avez quelque sinistre dessein sur moi. Cela est visible. Vous devez savoir qui je suis. Tenez, dans ce moment-ci, cela se lit sur votre visage, que vous le savez, et il est aisé de voir que vous avez quelque insurmontable raison pour ne me le dire jamais. Votre famille doit connaître la mienne, et peut-être à cette heure ce n'est pas de moi que vous vous vengeriez en m'empoisonnant ; mais, qui sait ? de ma mère !

DONA LUCREZIA. — Votre mère, Gennaro ! vous la voyez peut-être autrement qu'elle n'est. Que diriez-vous si ce n'était qu'une femme criminelle comme moi ?

GENNARO. — Ne la calomniez pas. Oh ! non, ma mère n'est pas une femme comme vous, madame Lucrèce ! Oh ! je la sens dans mon cœur et je la rêve dans mon âme telle qu'elle est, j'ai son image là, née avec moi ; je ne l'aimerais pas comme je l'aime si elle n'était pas digne de moi ; le cœur

Ma vie ne vaut pas la peine d'être tant discutée. Donnez! (Page 18.)

d'un fils ne se trompe pas sur sa mère. Je la haïrais si elle pouvait vous ressembler. Mais non, non, il y a quelque chose en moi qui me dit bien haut que ma mère n'est pas un de ces démons d'inceste, de luxure et d'empoisonnement comme vous autres les belles femmes d'à présent. Oh! Dieu! j'en suis bien sûr, s'il y a sous le ciel une femme innocente, une femme vertueuse, une femme sainte, c'est ma mère! Oh! elle est ainsi, et pas autrement! Vous la connaissez sans doute, madame Lucrèce, et vous ne me démentirez point!

DONA LUCREZIA. — Non, cette femme-là, Gennaro, cette mère-là, je ne la connais pas!

GENNARO. — Mais devant qui est-ce que je parle ainsi? Qu'est-ce que cela vous fait à vous, Lucrèce Borgia, les joies ou les douleurs d'une mère? Vous n'avez jamais eu d'enfants, à ce qu'on dit, et vous êtes bien heureuse; car vos enfants, si vous en aviez, savez-vous bien qu'ils vous renieraient, madame? Quel malheureux assez abandonné du ciel voudrait d'une pareille mère? Être le fils de Lucrèce Borgia! dire ma mère à Lucrèce Borgia! Oh!...

DONA LUCREZIA. — Gennaro! vous êtes empoisonné; le duc, qui vous croit mort, peut revenir à tout moment. Je ne devrais songer qu'à votre salut et à votre évasion; mais vous me dites des choses si terribles que je ne puis faire autrement que de rester là, pétrifiée, à les entendre.

GENNARO. — Madame...

DONA LUCREZIA. — Voyons! il faut en finir. Accablez-moi, écrasez-moi sous votre mépris, mais vous êtes empoisonné, buvez ceci sur-le-champ!

GENNARO. — Que dois-je croire, madame? Le duc est loyal, et j'ai sauvé la vie à son père. Vous, je vous ai offensée, vous avez à vous venger.

DONA LUCREZIA. — Me venger de toi, Gennaro! — Il faudrait donner toute ma vie pour ajouter une heure à la tienne, il faudrait répandre tout mon sang pour t'empêcher de verser une larme, il faudrait m'asseoir au pilori pour te mettre sur un trône, il faudrait payer d'une torture de l'enfer chacun de tes moindres plaisirs, que je n'hésiterais pas, que je ne murmurerais pas, que je serais heureuse, que je baiserais tes pieds, mon Gennaro! Oh! tu ne sauras jamais rien de mon pauvre misérable cœur, sinon qu'il est plein de toi! — Gennaro, le temps presse, le poison marche, tout à l'heure tu le sentiras, vois-tu! encore un peu, il ne serait plus temps. La vie ouvre en ce moment deux espaces obscurs devant toi, mais l'un a moins de minutes que l'autre n'a d'années. Il faut te déterminer pour l'un des deux. Le choix est terrible. Laisse-toi guider par moi. Aie pitié de toi et de moi, Gennaro. Bois vite, au nom du ciel!

GENNARO. — Allons, c'est bien. S'il y a un crime en ceci, qu'il retombe sur votre tête. Après tout, que vous disiez vrai ou non, ma vie ne vaut pas la peine d'être tant discutée. Donnez.

Il prend la fiole et boit.

DONA LUCREZIA. — Sauvé! — Maintenant il faut repartir pour Venise de toute la vitesse de ton cheval. Tu as de l'argent?

GENNARO. — J'en ai.

DONA LUCREZIA. — Le duc te croit mort. Il sera aisé de lui cacher ta fuite. Attends! Garde cette fiole et porte-la toujours sur toi. Dans des temps comme ceux où nous vivons, le poison est de tous les repas. Toi surtout, tu es exposé. Maintenant pars vite. (*Lui montrant la porte masquée qu'elle entr'ouve.*) — Descends par cet escalier. Il donne dans une des cours du palais Negroni. Il te sera aisé de t'évader par là. N'attends pas jusqu'à demain matin, n'attends pas jusqu'au coucher du soleil, n'attends pas une heure, n'attends pas une demi-heure! Quitte Ferrare sur-le-champ, quitte Ferrare comme si c'était Sodome qui brûle, et ne regarde pas derrière toi! Adieu! — Attends encore un instant. J'ai un dernier mot à te dire, mon Gennaro!

GENNARO. — Parlez, madame.

DONA LUCREZIA. — Je te dis adieu en ce moment, Gennaro, pour ne plus te revoir jamais. Il ne faut plus songer maintenant à te rencontrer quelquefois sur mon chemin. C'était le seul bonheur que j'eusse au monde. Mais ce serait risquer ta tête. Nous voilà donc pour toujours séparés dans cette vie; hélas! je ne suis que trop sûre que nous serons séparés aussi dans l'autre. Gennaro! est-ce que tu ne me diras pas quelque douce parole avant de me quitter ainsi pour l'éternité?

GENNARO; *baissant les yeux.* — Madame...

DONA LUCREZIA. — Je viens de te sauver la vie, enfin!

GENNARO. — Vous me le dites. Tout ceci est plein de ténèbres. Je ne sais que penser. Tenez, madame, je puis tout vous pardonner, une chose exceptée.

DONA LUCREZIA. — Laquelle?

GENNARO. — Jurez-moi par tout ce qui vous est cher, par ma propre tête, puisque vous m'aimez, par le salut éternel de mon âme, jurez-moi que vos crimes ne sont pour rien dans les malheurs de ma mère.

DONA LUCREZIA. — Toutes les paroles sont sérieuses avec vous, Gennaro. Je ne puis pas vous jurer cela.

GENNARO. — Oh! ma mère! ma mère! la voilà donc l'épouvantable femme qui a fait ton malheur!

DONA LUCREZIA. — Gennaro!...

GENNARO. — Vous l'avez avoué, madame! Adieu! Soyez maudite!

DONA LUCREZIA. — Et toi, Gennaro! sois béni!

Il sort. — *Elle tombe évanouie sur le fauteuil.*

DEUXIÈME PARTIE

La deuxième décoration. — La place de Ferrare avec le balcon ducal d'un côté et la maison de Gennaro de l'autre. — Il est nuit.

SCÈNE PREMIÈRE.

DON ALPHONSE, RUSTIGHELLO, enveloppés de manteaux.

RUSTIGHELLO. — Oui, monseigneur, cela s'est passé ainsi. Avec je ne sais quel philtre elle l'a rendu à la vie, et l'a fait évader par la cour du palais Negroni.

DON ALPHONSE. — Et tu as souffert cela?

RUSTIGHELLO. — Comment l'empêcher? elle avait verrouillé la porte. J'étais enfermé.

DON ALPHONSE. — Il fallait briser la porte.

RUSTIGHELLO. — Une porte de chêne, un verrou de fer. Chose facile!

DON ALPHONSE. — N'importe! il fallait briser le verrou, te dis-je; il fallait entrer et le tuer.

RUSTIGHELLO. — D'abord, en supposant que j'eusse pu enfoncer la porte, madame Lucrèce l'aurait couvert de son corps. Il aurait fallu tuer aussi madame Lucrèce.

DON ALPHONSE. — Eh bien! Après?

RUSTIGHELLO. — Je n'avais pas d'ordre pour elle.

DON ALPHONSE. — Rustighello! les bons serviteurs sont ceux qui comprennent les princes sans leur donner la peine de tout dire.

RUSTIGHELLO. — Et puis j'aurais craint de brouiller Votre Altesse avec le pape.

DON ALPHONSE. — Imbécile!

RUSTIGHELLO. — C'était bien embarrassant, monseigneur. Tuer la fille du saint-père!

DON ALPHONSE. — Eh bien! sans la tuer, ne pouvais-tu pas crier, appeler, m'avertir, empêcher l'amant de s'évader?

RUSTIGHELLO. — Oui, et puis le lendemain Votre Altesse se serait réconciliée avec madame Lucrèce, et le surlendemain madame Lucrèce m'aurait fait pendre.

DON ALPHONSE. — Assez. Tu m'as dit que rien n'était encore perdu.

RUSTIGHELLO. — Non. Vous voyez une lumière à cette fenêtre. Le Gennaro n'est pas encore parti. Son valet, que la duchesse avait gagné, est à présent gagné par moi, et m'a tout dit. En ce moment il m'attend sous maître derrière la citadelle avec deux chevaux sellés. Le Gennaro va sortir pour l'aller rejoindre dans un instant.

DON ALPHONSE. — En ce cas, embusquons-nous derrière l'angle de sa maison. Il est nuit noire. Nous le tuerons quand il passera.

RUSTIGHELLO. — Comme il vous plaira.

DON ALPHONSE. — Ton épée est bonne?

RUSTIGHELLO. — Oui.

DON ALPHONSE. — Tu as un poignard?

RUSTIGHELLO. — Il y a deux choses qu'il n'est pas aisé de trouver sous le ciel : c'est un Italien sans poignard, et une Italienne sans amant.

DON ALPHONSE. — Bien. — Tu frapperas des deux mains.

RUSTIGHELLO. — Monseigneur le duc, pourquoi ne faites-vous pas arrêter tout simplement et pendre par jugement du fiscal?

DON ALPHONSE. — Il est sujet de Venise, et ce serait déclarer la guerre à la république. Non. Un coup de poignard vient on ne sait d'où, et ne compromet personne. L'empoisonnement vaudrait mieux encore, mais l'empoisonnement est manqué.

RUSTIGHELLO. — Alors, voulez-vous, monseigneur, que j'aille chercher quatre sbires pour le dépêcher sans que vous ayez la peine de vous en mêler?

DON ALPHONSE. — Mon cher, le seigneur Machiavel m'a dit souvent que, dans ces cas-là, le mieux était que les princes fissent leurs affaires eux-mêmes.

RUSTIGHELLO. — Monseigneur, j'entends venir quelqu'un.

DON ALPHONSE. — Rangeons-nous le long de ce mur.

Ils se cachent dans l'ombre, sous le balcon. — *Paraît Maffio en habit de fête, qui arrive en fredonnant, et va frapper à la porte de Gennaro.*

SCÈNE II.

DON ALPHONSE et RUSTIGHELLO, cachés, MAFFIO, GENNARO.

MAFFIO. — Gennaro!

La porte s'ouvre, Gennaro paraît.

GENNARO. — C'est toi, Maffio? Veux-tu entrer?

MAFFIO. — Non. Je n'ai que deux mots à te dire. Est-ce que décidément tu ne viens pas ce soir souper avec nous chez la princesse Negroni?

GENNARO. — Je ne suis pas convié.

MAFFIO. — Je te présenterai.

GENNARO. — Il y a une autre raison. Je tois te dire cela à toi. Je pars.

MAFFIO. — Comment, tu pars?

GENNARO. — Dans un quart d'heure.

MAFFIO. — Pourquoi?

GENNARO. — Je te dirai cela à Venise.

MAFFIO. — Affaire d'amour?

GENNARO. — Oui, affaire d'amour.

MAFFIO. — Tu agis mal avec moi, Gennaro. Nous avions fait serment de ne jamais nous quitter, d'être inséparables, d'être frères; et voilà que tu pars sans moi!

GENNARO. — Viens avec moi!

MAFFIO. — Viens plutôt avec moi, toi! — Il vaut bien mieux passer la nuit à table avec de jolies femmes et de gais convives que sur la grande route, entre les bandits et les ravins.

GENNARO. — Tu n'étais pas très-sûr ce matin de ta princesse Negroni.

MAFFIO. — Je me suis informé. Jeppo avait raison. C'est une femme charmante et de belle humeur, et qui aime les vers et la musique, voilà tout. Allons, viens avec moi.

GENNARO. — Je ne puis.

MAFFIO. — Partir à la nuit close! Tu vas te faire assassiner.

GENNARO. — Sois tranquille. Adieu. Bien du plaisir.

MAFFIO. — Frère Gennaro, j'ai mauvaise idée de ton voyage.

GENNARO. — Frère Maffio, j'ai mauvaise idée de ton souper.

MAFFIO. — S'il allait t'arriver malheur sans que je fusse là!

GENNARO. — Qui sait si je ne me reprocherai pas demain de t'avoir quitté ce soir?

MAFFIO. — Tiens, décidément, ne nous séparons pas. Cédons quelque chose chacun de notre côté. Viens ce soir avec moi chez la Negroni, et demain, au point du jour, nous partirons ensemble. Est-ce dit?

GENNARO. — Allons, il faut que je te conte, à toi, Maffio, les motifs de mon départ subit. Tu vas juger si j'ai raison.

Il prend Maffio à part et lui parle à l'oreille.

RUSTIGHELLO, *sous le balcon, bas à don Alphonse.* — Attaquons-nous, monseigneur?

DON ALPHONSE, *bas.* — Voyons la fin de ceci.

MAFFIO, *éclatant de rire après le récit de Gennaro.* — Veux-tu que je te dise, Gennaro? Tu es dupe. Il n'y a dans toute cette affaire ni poison, ni contre-poison. Pure comédie. La Lucrèce est amoureuse éperdue de toi, et elle a voulu te faire accroire qu'elle te sauvait la vie, espérant de faire doucement glisser de la reconnaissance à l'amour. Le duc est un bon homme, incapable d'empoisonner ou d'assassiner qui que ce soit. Tu as sauvé la vie à son père d'ailleurs, et il le sait. La duchesse veut que tu partes, c'est fort bien. Son amourette se déroulerait en effet plus commodément à Venise qu'à Ferrare. Le mari la gêne toujours un peu. Quant au souper de la princesse Negroni, il sera délicieux. Tu y viendras. Que diable! il faut cependant raisonner un peu et ne rien s'exagérer. Tu sais que je suis prudent, moi, et de bon conseil. Parce qu'il y a eu deux ou trois soupers fameux où les Borgia ont empoisonné, avec de fort bon vin, quelques-uns de leurs meilleurs amis, ce n'est pas une raison pour ne plus souper du tout. ce n'est pas une raison pour voir toujours du poison dans l'admirable vin de Syracuse, et derrière toutes les belles princesses de l'Italie Lucrèce Borgia. Spectres et balivernes que tout cela! A ce compte il n'y aurait que les enfants à la mamelle qui seraient sûrs de ce qu'ils boivent, et qui pourraient souper sans inquiétude. Par Hercule, Gennaro! sois enfant ou sois homme. Retourne te mettre en nourrice ou viens souper.

GENNARO. — Au fait, cela a quelque chose d'étrange de se sauver ainsi la nuit. J'ai l'air d'un homme qui a peur. D'ailleurs, s'il y a du danger à rester, je ne dois pas y laisser Maffio tout seul. Il en sera ce qui pourra. C'est une chance comme une autre. C'est dit. Tu me présenteras à la princesse Negroni. Je vais avec toi.

MAFFIO, *lui prenant la main.* — Vrai Dieu! voilà un ami!

Ils sortent. On les voit s'éloigner vers le fond de la place. Don Alphonse et Rustighello sortent de leur cachette.

RUSTIGHELLO, *l'épée nue.* — Eh bien! qu'attendez-vous, monseigneur? Ils ne sont que deux. Chargez-vous de votre homme. Je me charge de l'autre.

DON ALPHONSE. — Non, Rustighello. Ils vont souper chez la princesse Negroni. Si je suis bien informé... (*Il s'interrompt et paraît rêver un instant. Eclatant de rire.*) — Pardieu! cela serait encore mieux mon affaire, et ce serait une plaisante aventure. Attendons à demain.

Ils rentrent au palais.

ACTE TROISIÈME

IVRES-MORTS

Une salle magnifique du palais Negroni. A droite, une porte bâtarde. Au fond, une grande et très-large porte à deux battants. Au milieu, une table superbement servie à la mode du quinzième siècle. De petits pages noirs, vêtus de brocart d'or, circulent à l'entour. — Au moment où la toile se lève, il y a quatorze convives à table : Jeppo, Maffio, Ascanio, Oloferno, Apostolo, Gennaro et Gubetta, et sept jeunes femmes jolies et très-galamment parées. Tous boivent ou mangent, ou rient à gorge déployée avec leurs voisines, excepté Gennaro, qui paraît pensif et silencieux.

SCÈNE PREMIÈRE.

JEPPO, MAFFIO, ASCANIO, OLOFERNO, DON APOSTOLO, GUBETTA, GENNARO, DES FEMMES, DES PAGES.

OLOFERNO, *son verre à la main.* — Vive le vin de Xerès! Xerès de la Frontera est une ville du paradis.

MAFFIO, *son verre à la main.* — Le vin que nous buvons vaut mieux que les histoires que vous nous contez, Jeppo.

ASCANIO. — Jeppo a la maladie de conter des histoires quand il a bu.

DON APOSTOLO. — L'autre jour c'était à Venise, chez le sérénissime doge Barbarigo; aujourd'hui c'est à Ferrare, chez la divine princesse Negroni.

JEPPO. — L'autre jour c'était une histoire lugubre, aujourd'hui une histoire gaie.

MAFFIO. — Une histoire gaie, Jeppo! Comment il advint que don Siliceo, beau cavalier de trente ans, qui avait perdu son patrimoine au jeu, épousa la très-riche marquise Calpurnia, qui comptait quarante-huit printemps. Par le corps de Bacchus! vous trouvez cela gai!

GUBETTA. — C'est triste et commun. Un homme ruiné qui épouse une femme en ruine. Chose qui se voit tous les jours.

Il se met à manger. De temps en temps quelques-uns se lèvent de table et viennent causer sur le devant de la scène pendant que l'orgie continue.

LA PRINCESSE NEGRONI, *à Maffio, montrant Gennaro.* — Monsieur le comte Orsini, vous avez là un ami qui me paraît bien triste.

MAFFIO. — Il est toujours ainsi, madame. Il faut que vous me pardonniez de l'avoir amené sans que vous lui eussiez fait la grâce de l'inviter. C'est mon frère d'armes. Il m'a sauvé la vie à l'assaut de Rimini. J'ai reçu à l'attaque du pont de Vicence un coup d'épée qui lui était destiné. Nous ne nous séparons jamais. Nous vivons ensemble. Un bohémien nous a prédit que nous mourrions le même jour.

LA NEGRONI, *riant*. — Vous a-t-il dit si ce serait le soir ou le matin ?

MAFFIO. — Il nous a dit que ce serait le matin.

LA NEGRONI, *riant plus fort*. — Votre bohémien ne savait ce qu'il disait. — Et vous aimez bien ce jeune homme ?

MAFFIO. — Autant qu'un homme peut en aimer un autre.

LA NEGRONI. — Eh bien ! vous vous suffisez l'un à l'autre. Vous êtes heureux.

MAFFIO. — L'amitié ne remplit pas tout le cœur, madame.

LA NEGRONI. — Mon Dieu ! qu'est-ce qui remplit tout le cœur ?

MAFFIO. — L'amour.

LA NEGRONI. — Vous avez toujours l'amour à la bouche.

MAFFIO. — Et vous dans les yeux.

LA NEGRONI. — Etes-vous singulier !

MAFFIO. — Etes-vous belle !

Il lui prend la taille.

LA NEGRONI. — Monsieur le comte Orsini, laissez-moi.

MAFFIO. — Un baiser sur votre main ?

LA NEGRONI. — Non !

Elle lui échappe.

GUBETTA, *abordant Maffio*. — Vos affaires sont en bon train près de la princesse.

MAFFIO. — Elle me dit toujours non.

GUBETTA. — Dans la bouche d'une femme, non n'est que le frère aîné de oui.

JEPPO, *survenant, à Maffio*. — Comment trouves-tu madame la princesse Negroni ?

MAFFIO. — Adorable. Entre nous, elle commence à m'égratigner furieusement le cœur !

JEPPO. — Et son souper ?

MAFFIO. — Une orgie parfaite.

JEPPO. — La princesse est veuve.

MAFFIO. — On le voit bien à sa gaieté !

JEPPO. — J'espère que tu ne te défies plus de son souper ?

MAFFIO. — Moi ! Comment donc ! J'étais fou.

JEPPO, *à Gubetta*. — Monsieur de Belverana, vous ne croiriez pas que Maffio avait peur de venir souper chez la princesse ?

GUBETTA. — Peur ! — Pourquoi ?

JEPPO. — Parce que le palais Negroni touche au palais Borgia.

GUBETTA. — Au diable les Borgia ! — et buvons !

JEPPO, *bas à Maffio*. — Ce que j'aime dans ce Belverana, c'est qu'il n'aime pas les Borgia.

MAFFIO, *bas*. — En effet, il ne manque jamais une occasion de les envoyer au diable avec une grâce toute particulière. Cependant, mon cher Jeppo...

JEPPO. — Eh bien ?

MAFFIO. — Je l'observe depuis le commencement du souper, ce prétendu Espagnol. Il n'a encore bu que de l'eau.

JEPPO. — Voilà tes soupçons qui te reprennent, mon bon ami Maffio. Tu as le vin étrangement monotone.

MAFFIO. — Peut-être as-tu raison. Je suis fou.

GUBETTA, *revenant et regardant Maffio de la tête aux pieds*. — Savez-vous, monsieur Maffio, que vous êtes taillé pour vivre quatre-vingt-dix ans, et que vous ressemblez à un mien grand-père, qui a vécu cet âge, et qui s'appelait, comme moi, Gil-Basilio-Fernand-Ireneo-Felipe-Frasco-Frasquito, comte de Belverana !

JEPPO, *bas à Maffio*. — J'espère que tu ne doutes plus de sa qualité d'Espagnol. Il a au moins vingt noms de baptême. — Quelle litanie, monsieur de Belverana !

GUBETTA. — Hélas ! nos parents ont coutume de nous donner plus de noms à notre baptême que d'écus à notre mariage. Mais qu'ont-ils donc à rire là-bas ? (*A part*.) — Il faut pourtant que les femmes aient un prétexte pour s'en aller. Comment faire ?

Il retourne s'asseoir à la table.

OLOFERNO, *buvant*. — Par Hercule ! messieurs ! je n'ai jamais passé soirée plus délicieuse. Mesdames, goûtez de ce vin. Il est plus doux que le vin de Lacryma-Christi, et plus ardent que le vin de Chypre. C'est du vin de Syracuse, messeigneurs !

GUBETTA, *mangeant*. — Oloferno est ivre, à ce qu'il paraît.

OLOFERNO. — Mesdames, il faut que je vous dise quelques vers que je viens de faire. Je voudrais être plus poète que je ne le suis pour célébrer d'aussi admirables festins.

GUBETTA. — Et moi je voudrais être plus riche que je n'ai l'honneur de l'être pour en donner de pareils à mes amis.

OLOFERNO. — Rien n'est si doux que de chanter une belle femme et un bon repas.

GUBETTA. — Si ce n'est d'embrasser l'une et de manger l'autre.

OLOFERNO. — Oui, je voudrais être poète. Je voudrais pouvoir m'élever au ciel. Je voudrais avoir deux ailes...

GUBETTA. — De faisan dans mon assiette.

OLOFERNO. — Je vais pourtant vous dire mon sonnet.

GUBETTA. — Par le diable ! monsieur le marquis Oloferno Vitellozzo, je vous dispense de nous dire votre sonnet. Laissez-nous boire !

OLOFERNO. — Vous me dispensez de vous dire mon sonnet ?

GUBETTA. — Comme je dispense les chiens de me mordre, le pape de me bénir, et les passants de me jeter des pierres.

OLOFERNO. — Tête-dieu ! vous m'insultez, je crois, monsieur le petit Espagnol.

GUBETTA. — Je ne vous insulte pas, grand colosse d'Italien que vous êtes. Je refuse mon attention à votre sonnet. Rien de plus. Mon gosier a plus soif de vin de Chypre que mes oreilles de son repas.

OLOFERNO. — Vos oreilles, monsieur le Castillan râpé, je vous les clouerai sur les talons !

GUBETTA. — Vous êtes un absurde bélître ! Fi ! A-t-on jamais vu lourdeau pareil ? s'enivrer de vin de Syracuse, et avoir l'air de s'être soûlé avec de la bière !

OLOFERNO. — Savez-vous bien que je vous couperai en quatre, par la mort-dieu !

GUBETTA, *tout en découpant un faisan*. — Je ne vous en dirai pas autant. Je ne découpe pas d'aussi grosses volailles que vous. — Mesdames, vous offrirai-je de ce faisan ?

OLOFERNO, *se jetant sur un couteau*. — Pardien ! j'éventrerai ce faquin, fût-il plus gentilhomme que l'empereur !

LES FEMMES, *se levant de table*. — Ciel ! ils vont se battre.

LES HOMMES. — Tout beau, Oloferno !

Ils désarment Oloferno, qui veut se jeter sur Gubetta. Pendant ce temps-là, les femmes disparaissent par la porte latérale.

OLOFERNO, *se débattant*. — Corps-Dieu !

GUBETTA. — Vous rimez si richement en Dieu, mon cher poète, que vous avez mis ces dames en fuite. Vous êtes un fier maladroit.

JEPPO. — C'est vrai, cela. Que diable sont-elles devenues ?

MAFFIO. — Elles ont eu peur. Couteau qui luit, femme qui fuit.

ASCANIO. — Bah ! elles vont revenir.

OLOFERNO, *menaçant Gubetta*. — Je te retrouverai demain, mon petit Belverana du démon !

GUBETTA. — Demain, tant qu'il vous plaira ! (*Oloferno va se rasseoir en chancelant avec dépit. Gubetta éclate de rire.*) — Cet imbécile ! Mettre en déroute les plus jolies femmes de Ferrare avec un couteau emmanché dans un sonnet ! Se fâcher à propos de vers ! Je le crois bien qu'il a des ailes. Ce n'est pas un homme, c'est un oison. Cela perche, cela doit dormir sur une patte, cet Oloferno-là!

JEPPO. — Là, là, faites la paix, messieurs. Vous vous couperez galamment la gorge demain matin. Par Jupiter! vous vous battrez du moins en gentilshommes, avec des épées, et non avec des couteaux.

ASCANIO. — A propos, au fait, qu'avons-nous donc fait de nos épées?

DON APOSTOLO. — Vous oubliez qu'on nous les a fait quitter dans l'antichambre.

GUBETTA. — Et la précaution était bonne, car autrement nous nous serions battus devant les dames; ce dont rougiraient des Flamands de Flandre, ivres de tabac!

GENNARO. — Bonne précaution, en effet!

MAFFIO. — Pardieu, mon frère Gennaro! voilà la première parole que tu dis depuis le commencement du souper, et tu ne bois pas! Est-ce que tu songes à Lucrèce Borgia? Gennaro! tu as décidément quelque amourette avec elle! Ne dis pas non.

GENNARO. — Verse-moi à boire, Maffio! Je n'abandonne pas plus mes amis à table qu'au feu.

UN PAGE NOIR, *deux flacons à la main*. — Messeigneurs, du vin de Chypre ou du vin de Syracuse?

MAFFIO. — Du vin de Syracuse. C'est le meilleur

Le page noir remplit tous les verres.

JEPPO. — La peste soit d'Oloferno! Est-ce que ces dames ne vont pas revenir? (*Il va successivement aux deux portes.*) — Les portes sont fermées en dehors, messieurs!

MAFFIO. — N'allez-vous pas avoir peur à votre tour, Jeppo! Elles ne veulent pas que nous les poursuivions. C'est tout simple.

GENNARO. — Buvons, messeigneurs.

Ils choquent leurs verres.

MAFFIO. — A ta santé, Gennaro! et puisses-tu bientôt retrouver ta mère!

GENNARO. — Que Dieu t'entende!

Tous boivent, excepté Gubetta, qui jette son vin par-dessus son épaule.

MAFFIO, *bas à Jeppo.* — Pour le coup, Jeppo, je l'ai bien vu.

JEPPO, *bas.* — Quoi?

MAFFIO. — L'Espagnol n'a pas bu.

JEPPO. — Eh bien?

MAFFIO. — Il a jeté son vin par-dessus son épaule.

JEPPO. — Il est ivre, et toi aussi.

MAFFIO. — C'est possible.

GUBETTA. — Une chanson à boire, messieurs! je vais vous chanter une chanson à boire qui vaudra mieux que le sonnet du marquis Oloferno. Je jure par le bon vieux crâne de mon père que ce n'est pas moi qui ai fait cette chanson, attendu que je ne suis pas poète, et que je n'ai point l'esprit assez galant pour faire se becqueter deux rimes au bout d'une idée. Voici ma chanson. Elle est adressée à monsieur saint Pierre, célèbre portier du paradis, et elle a pour sujet cette pensée délicate, que le ciel du bon Dieu appartient aux buveurs.

JEPPO, *bas à Maffio.* — Il est plus qu'ivre, il est ivrogne.

TOUS, *excepté Gennaro.* — La chanson! la chanson!

GUBETTA, *chantant.*

Saint Pierre, ouvre ta porte
Au buveur qui t'apporte
Une voix pleine et forte
Pour chanter : *Domino!*

TOUS, *en chœur, excepté Gennaro*

Gloria Domino!

Ils choquent leurs verres en riant aux éclats. Tout à coup on entend des voix éloignées qui chantent sur un ton lugubre.

VOIX *au dehors.* — « Sanctum et terribile nomen ejus. Initium sapientiæ timor Domini. »

JEPPO, *riant de plus belle.* — Ecoutez, messieurs! — Corbacque! pendant que nous chantons à boire, l'écho chante vêpres.

TOUS. — Ecoutons.

VOIX *au dehors, un peu plus rapprochées.* — « Nisi Dominus custodierit civitatem, frustra vigilat qui custodit eam. »

Tous éclatent de rire.

JEPPO. — Du plain-chant tout pur.

MAFFIO. — Quelque procession qui passe.

GENNARO. — A minuit! C'est un peu tard.

JEPPO. — Bah! continuez, monsieur de Belverana.

VOIX *au dehors, qui se rapprochent de plus en plus.* — « Oculos habent, et non videbunt. Nares habent, et non odorabunt. Aures habent, et non audient. »

Tous rient de plus en plus fort.

JEPPO. — Sont-ils braillards, ces moines!

MAFFIO. — Regarde donc, Gennaro. Les lampes s'éteignent ici. Nous voici tout à l'heure dans l'obscurité.

Les lampes pâlissent en effet, comme n'ayant plus d'huile.

VOIX *au dehors, plus près.* — « Manus habent, et non palpabunt. Pedes habent, et non ambulabunt. Non clamabunt in gutture suo. »

GENNARO. — Il me semble que les voix se rapprochent.

JEPPO. — La procession me fait l'effet d'être en ce moment sous nos fenêtres.

MAFFIO. — Ce sont les prières des morts.

ASCANIO. — C'est quelque enterrement.

JEPPO. — Buvons à la santé de celui qu'on va enterrer.

GUBETTA. — Savez-vous s'il n'y en a pas plusieurs?

JEPPO. — Eh bien! à la santé de tous.

APOSTOLO, *à Gubetta.* — Bravo! — Et continuons de notre côté notre invocation à saint Pierre.

GUBETTA. — Parlez donc plus poliment. On dit : A monsieur saint Pierre, honorable huissier et guichetier patenté du paradis. (*Il chante.*)

Saint Pierre, ouvre ta porte
Au buveur qui t'apporte
Une voix pleine et forte
Pour chanter : *Domino!*

TOUS.

Gloria Domino!

GUBETTA.

Au buveur, joyeux chantre,
Qui porte un si gros ventre
Qu'on doute, lorsqu'il entre,
S'il est homme ou tonneau.

TOUS, *en choquant leurs verres avec des éclats de rire.*

Gloria Domino!

La grande porte du fond s'ouvre silencieusement dans toute sa largeur. On voit au dehors une vaste salle tapissée en noir, éclairée de quelques flambeaux, avec une grande croix d'argent au fond. Une longue file de pénitents blancs et noirs, dont on ne voit que les yeux par les trous de leurs cagoules, croix en tête et torche en main, entre par la grande porte en chantant d'un accent sinistre et d'une voix haute :

« De profundis clamavi ad te, Domine! »

Puis ils viennent se ranger en silence des deux côtés de la salle, et y restent immobiles comme des statues, pendant que les jeunes gentilshommes les regardent avec stupeur.

MAFFIO. — Qu'est-ce que cela veut dire?

JEPPO, *s'efforçant de rire.* — C'est une plaisanterie. Je gage mon cheval contre un pourceau et mon nom de Liveretto contre le nom de Borgia que ce sont nos charmantes comtesses qui se sont déguisées de cette façon pour nous éprouver, et que, si nous levons une de ces cagoules au hasard, nous trouverons dessous la figure fraîche et malicieuse d'une jolie femme. — Voyez plutôt.

Il va soulever en riant un des capuchons, et il reste pétrifié en voyant dessous le visage livide d'un moine, qui demeure immobile, la torche à la main et les yeux baissés. Il laisse tomber le capuchon et recule.

Ceci commence à devenir étrange !

MAFFIO. — Je ne sais pourquoi mon sang se fige dans mes veines.

LES PÉNITENTS, *chantant d'une voix éclatante.* — « Conquassabit capita in terra multorum. »

JEPPO. — Quel piége affreux ! Nos épées ! nos épées ! Ah çà ! messieurs, nous sommes chez le démon, ici ?

SCÈNE II.

LES MÊMES, DONA-LUCREZIA.

DONA LUCREZIA, *paraissant tout à coup, vêtue de noir, au seuil de la porte.* — Vous êtes chez moi !

TOUS, *excepté Gennaro, qui observe tout dans un coin du théâtre où dona Lucrezia ne le voit pas.* — Lucrèce Borgia !

DONA LUCREZIA. — Il y a quelques jours, tous, les mêmes qui êtes ici, vous disiez ce nom avec triomphe. Vous le dites aujourd'hui avec épouvante. Oui, vous pouvez me regarder avec vos yeux fixes de terreur. C'est bien moi, messieurs. Je viens vous annoncer une nouvelle, c'est que vous êtes tous empoisonnés, messeigneurs, et qu'il n'y en a pas un de vous qui ait une heure à vivre. Ne bougez pas. La salle d'à côté est pleine de piques. A mon tour maintenant, à moi de parler haut et de vous écraser la tête du talon ! Jeppo Liveretto, va rejoindre ton oncle Vitelli, que j'ai fait poignarder dans les caves du Vatican ! Ascanio Petrucci, va retrouver ton cousin Pandolfo, que j'ai assassiné pour lui voler sa ville ! Oloferno Vitellozzo, ton oncle t'attend, tu sais bien, Iago d'Appiani, que j'ai empoisonné dans une fête ! Maffio Orsini, va parler de moi dans l'autre monde à ton frère de Gravina, que j'ai fait étrangler dans son sommeil ! Apostolo Gazella, j'ai fait décapiter ton père Francisco Gazella, j'ai fait égorger ton cousin Alphonse d'Aragon, dis-tu ; va les rejoindre ! — Sur mon âme ! vous m'avez donné un bal à Venise, je vous rends un souper à Ferrare. Fête pour fête, messeigneurs !

JEPPO. — Voilà un rude réveil, Maffio !

MAFFIO. — Songeons à Dieu !

DONA LUCREZIA. — Ah ! mes jeunes amis du carnaval dernier ! vous ne vous attendiez pas à cela ! Pardieu ! il me semble que je me venge. Qu'en dites-vous, messieurs ? Qui est-ce qui se connait en vengeance ici ? ceci n'est point mal, je crois ? — Hein ? qu'en pensez-vous pour une femme ! (*Aux moines.*) — Mes pères, emmenez ces gentilshommes dans la salle voisine qui est préparée, confessez-les, et profitez du peu d'instants qui leur restent pour sauver ce qui peut être encore sauvé de chacun d'eux. — Messieurs, que ceux d'entre vous qui ont des âmes y avisent. Soyez tranquilles. Elles sont en bonnes mains. Ces dignes pères sont des moines réguliers de Saint-Sixte, auxquels notre saint-père le pape a permis de m'assister dans des occasions pareilles à celle-ci. — Et, si j'ai eu soin de vos âmes, j'ai eu soin aussi de vos corps. Tenez ! (*Aux moines qui sont devant la porte du fond.*) — Rangez-vous un peu, mes pères, que ces messieurs voient. (*Les moines s'écartent et laissent voir cinq cercueils, couverts chacun d'un drap noir, rangés devant la porte.*) — Le nombre y est. Il y en a bien cinq. — Ah ! jeunes gens ! vous arrachez les entrailles à une malheureuse femme, et vous croyez qu'elle ne se vengera pas ! Voici le tien, Jeppo ; Maffio, voici le tien ; Oloferno, Apostolo, Ascanio, voici les vôtres !

GENNARO, *qu'elle n'a pas vu jusqu'alors, faisant un pas.* — Il en faut un sixième, madame !

DONA LUCREZIA. — Ciel ! Gennaro !

GENNARO. — Lui-même.

DONA LUCREZIA. — Que tout le monde sorte d'ici ! — Qu'on nous laisse seuls. — Gubetta, quoi qu'il arrive, quoi qu'on puisse entendre du dehors de ce qui va se passer ici, que personne n'y entre !

GUBETTA. — Il suffit.

Les moines ressortent processionnellement, emmenant avec eux dans leurs files les cinq seigneurs chancelants et éperdus.

SCÈNE III.

GENNARO, DONA LUCREZIA.

Il y a à peine quelques lampes mourantes dans l'appartement. Les portes sont refermées. Dona Lucrezia et Gennaro, restés seuls, s'entre-regardent quelques instants en silence, comme ne sachant par où commencer.

DONA LUCREZIA, *se parlant à elle-même.* — C'est Gennaro !

CHANT DES MOINES, *au dehors.* — « Nisi Dominus ædificaverit domum, in vanum laborant qui ædificant eam. »

DONA LUCREZIA. — Encore vous, Gennaro ! Toujours vous sous tous les coups que je frappe ! Dieu du ciel ! comment vous êtes-vous mêlé à ceci ?

GENNARO. — Je me doutais de tout.

DONA LUCREZIA. — Vous êtes empoisonné encore une fois. Vous allez mourir !

GENNARO. — Si je veux. — J'ai le contre-poison.

DONA LUCREZIA. — Ah ! oui ! Dieu soit loué !

GENNARO. — Un mot, madame. Vous êtes experte en ces matières. Y a-t-il assez d'élixir dans cette fiole pour sauver les gentilshommes que vos moines viennent d'entraîner dans ce tombeau ?

DONA LUCREZIA, *examinant la fiole.* — Il y en a à peine assez pour vous, Gennaro !

GENNARO. — Vous ne pouvez pas en avoir d'autre sur-le-champ ?

DONA LUCREZIA. — Je vous ai donné tout ce que j'avais.

GENNARO. — C'est bien.

DONA LUCREZIA. — Que faites-vous, Gennaro ? Dépêchez-vous donc. Ne jouez pas avec des choses si terribles. On n'a jamais assez tôt bu un contre-poison. Buvez, au nom du ciel ! Mon Dieu ! quelle imprudence vous avez faite là ! Mettez votre vie en sûreté. Je vous ferai sortir du palais par une porte dérobée que je connais. Tout peut se réparer encore. Il est nuit. Des chevaux seront bientôt sellés. Demain matin vous serez loin de Ferrare. N'est-ce pas qu'il s'y fait des choses qui vous épouvantent ? Buvez, et partons. Il faut vivre ! Il faut vous sauver !

GENNARO, *prenant un couteau sur la table.* — C'est-à-dire que vous allez mourir, madame !

DONA LUCREZIA. — Comment ! que dites-vous ?

GENNARO. — Je dis que vous venez d'empoisonner traîtreusement cinq gentilshommes, mes amis, mes meilleurs amis, par le ciel ! et parmi eux Maffio Orsini, mon frère d'armes, qui m'avait sauvé la vie à Vicence, et avec qui toute injure et toute vengeance m'est commune. Je dis que c'est une action infâme que vous avez faite là, qu'il faut que je venge Maffio et les autres, et que vous allez mourir !

DONA LUCREZIA. — Terre et cieux !

GENNARO. — Faites votre prière, et faites-la courte, madame. Je suis empoisonné. Je n'ai pas le temps d'attendre.

DONA LUCREZIA. — Bah ! cela ne se peut. Ah ! bien oui ! Gennaro me tuer ! Est-ce que cela est possible !

GENNARO. — C'est la réalité pure, madame, et je jure Dieu qu'à votre place je me mettrais à prier en silence, à mains jointes et à deux genoux. Tenez, voici un fauteuil qui est bon pour cela.

DONA LUCREZIA. — Non. Je vous dis que c'est impossible. Non, parmi les plus terribles idées qui me traversent l'esprit, jamais celle-ci ne me serait venue. — Eh bien ! eh bien ! vous levez le couteau ! Attendez ! Gennaro ! J'ai quelque chose à vous dire !

GENNARO. — Vite.

DONA LUCREZIA. — Jette ton couteau, malheureux ! jette-le, te dis-je. Si tu savais... — Gennaro ! Sais-tu qui tu es ? Sais-tu qui je suis ? tu ignores combien je te tiens de près !

Faut-il tout lui dire? Le même sang coule dans nos veines, Gennaro! Tu as eu pour père Jean Borgia, duc de Gandia!

GENNARO. — Votre frère! Ah! vous êtes ma tante! Ah! madame!

DONA LUCREZIA, *à part*. — Sa tante!

GENNARO. — Ah! je suis votre neveu! Ah! c'est ma mère, cette infortunée duchesse de Gandia, que tous les Borgia ont rendue si malheureuse! Madame Lucrèce, ma mère me parle de vous dans ses lettres. Vous êtes du nombre de ces parents dénaturés dont elle m'entretient avec horreur, et qui ont tué mon père, et qui ont noyé sa destinée, à elle, de larmes et de sang. Ah! j'ai de plus mon père à venger, ma mère à sauver de vous maintenant! Ah! vous êtes ma tante! je suis un Borgia! Oh! cela me rend fou! — Écoutez-moi, dona Lucrezia Borgia, vous avez vécu longtemps, et vous êtes si couverte d'attentats, que vous devez en être devenue odieuse et abominable à vous-même. Vous êtes fatiguée de vivre, sans nul doute, n'est-ce pas? Eh bien! il faut en finir. Dans les familles comme les nôtres, où le crime est héréditaire et se transmet de père en fils comme le nom, il arrive toujours que cette fatalité se clôt par un meurtre, qui est d'ordinaire un meurtre de famille, dernier crime qui lave tous les autres. Un gentilhomme n'a jamais été blâmé pour avoir coupé une mauvaise branche à l'arbre de sa maison. L'Espagnol Mudarra a tué son oncle Rodrigue de Lara pour moins que vous n'avez fait. Cet Espagnol a été loué de tous pour avoir tué son oncle, entendez-vous, ma tante? — Allons! en voilà assez de dit là-dessus! Recommandez votre âme à Dieu, si vous croyez à Dieu et à votre âme.

DONA LUCREZIA. — Gennaro! par pitié pour toi! Tu es innocent encore! Ne commets pas ce crime!

GENNARO. — Un crime! Oh! ma tête s'égare et se bouleverse! Sera-ce un crime? Eh bien! quand je commettrais un crime? Pardieu! je suis un Borgia, moi! A genoux, vous dis-je! ma tante! A genoux!

DONA LUCREZIA. — Oh! dis-tu en effet ce que tu penses, mon Gennaro! Est-ce ainsi que tu payes mon amour pour toi?

GENNARO. — Amour!...

DONA LUCREZIA. — C'est impossible. Je veux te sauver de toi-même. Je vais appeler. Je vais crier.

GENNARO. — Vous n'ouvrirez point cette porte. Vous ne ferez point un pas. Et quant à vos cris, ils ne peuvent vous sauver. Ne venez-vous pas d'ordonner vous-même tout à l'heure que personne n'entrât, quoi qu'on pût entendre au dehors de ce qui va se passer ici?

DONA LUCREZIA. — Mais c'est lâche ce que vous faites là, Gennaro! Tuer une femme, une femme sans défense! Oh! vous avez de plus nobles sentiments que cela dans l'âme! Écoute-moi, tu me tueras après si tu veux; je ne tiens pas à la vie, mais il faut bien que ma poitrine déborde, elle est pleine d'angoisses de la manière dont tu m'as traitée jusqu'à présent. Tu es jeune, enfant, et la jeunesse est toujours trop sévère. Oh! si je dois mourir, je ne veux pas mourir de ta main. Cela n'est pas possible, vois-tu, que je meure de ta main! Tu ne sais pas toi-même à quel point cela serait horrible. D'ailleurs, Gennaro, mon heure n'est pas encore venue. C'est vrai, j'ai commis bien des actions mauvaises, je suis une grande criminelle; et c'est parce que je suis une grande criminelle qu'il faut me laisser le temps de me reconnaître et de me repentir. Il le faut absolument, entends-tu, Gennaro?

GENNARO. — Vous êtes ma tante. Vous êtes la sœur de mon père. Qu'avez-vous fait de ma mère, madame Lucrèce Borgia?

DONA LUCREZIA. — Attends, attends! Mon Dieu, je ne puis tout dire. Et puis, si je te disais tout, je ne ferais peut-être que redoubler ton horreur et ton mépris pour moi! Écoute-moi encore un instant. Oh! que je voudrais bien que tu me reçusses repentante à tes pieds! Tu me feras grâce de la vie, n'est-ce pas? Eh bien! veux-tu que je prenne le voile? veux-tu que je m'enferme dans un cloître, dis! Voyons, si l'on te disait: Cette malheureuse femme s'est fait raser la tête, elle couche dans la cendre, elle creuse sa fosse de ses mains, elle prie Dieu nuit et jour, non pour elle, qui en aurait besoin cependant, mais pour toi, qui peux t'en passer; elle fait tout cela, cette femme, pour que tu abaisses un jour sur sa tête un regard de miséricorde, pour que tu laisses tomber une larme sur toutes les plaies vives de son cœur et son âme, pour que tu ne lui dises plus, comme tu viens de le faire, avec cette voix plus sévère que celle du jugement dernier: Vous êtes Lucrèce Borgia! si l'on te disait cela, Gennaro, est-ce que tu aurais le cœur de la repousser? Oh! grâce! ne me tue pas, mon Gennaro! Vivons tous les deux, toi pour me pardonner, moi pour me repentir! Aie quelque compassion de moi! Enfin cela ne sert à rien de traiter sans miséricorde une misérable femme qui ne demande qu'un peu de pitié! — Un peu de pitié! Grâce de la vie! — Et puis, vois-tu bien, mon Gennaro, je te le dis pour toi, ce serait vraiment lâche ce que tu ferais là, ce serait un crime affreux, un assassinat! Un homme tuer une femme! Un homme qui est le plus fort! Oh! tu ne voudras pas! tu ne voudras pas!

GENNARO, *ébranlé*. — Madame...

DONA LUCREZIA. — Oh! je le vois bien, j'ai ma grâce. Cela se lit dans tes yeux. Oh! laisse-moi pleurer à tes pieds.

UNE VOIX, *au dehors*. — Gennaro!

GENNARO. — Qui m'appelle?

LA VOIX. — Mon frère Gennaro!

GENNARO. — C'est Maffio.

LA VOIX. — Gennaro! je meurs! venge-moi!

GENNARO, *relevant le couteau*. — C'est dit. Je n'écoute plus rien. Vous l'entendez, madame, il faut mourir!

DONA LUCREZIA, *se débattant et lui retenant le bras*. — Grâce! grâce! encore un mot!

GENNARO. — Non!

DONA LUCREZIA. — Pardon! Écoute-moi!

GENNARO. — Non!

DONA LUCREZIA. — Au nom du ciel!

GENNARO. — Non!

Il la frappe.

DONA LUCREZIA. — Ah!... tu m'as tué! — Gennaro! je suis ta mère!

NOTE

Le texte de la pièce, telle qu'elle est imprimée ici, est conforme à la représentation, à deux variantes près, que l'auteur croit devoir donner ici pour ceux de messieurs les directeurs des théâtres de province qui voudraient monter *Lucrèce Borgia*.

Voici de quelle façon se termine, à la représentation, la **deuxième partie du premier acte**.

A peine les gentilshommes ont-ils disparu, qu'on voit la tête de Rustighello passer derrière l'angle de la maison de Gennaro. Il regarde si tous sont bien éloignés, puis avance avec précaution et fait un signe derrière lui. Plusieurs hommes armés paraissent; Rustighello, sans dire une parole, leur place, en leur recommandant le silence par gestes, l'un en embuscade à droite de la porte de Gennaro, l'autre à gauche, l'autre dans l'angle du mur, les deux derniers derrière les piliers du balcon ducal.

Vous êtes chez moi ! (Page 22.)

Au moment où il a fini ces dispositions, Astolfo paraît dans la place et aperçoit Rustighello sans voir les soldats embusqués.

SCÈNE III

RUSTIGHELLO, ASTOLFO

ASTOLFO. — Que diable fais-tu là, Rustighello?
RUSTIGHELLO. — J'attends que tu t'en ailles, Astolfo.
ASTOLFO. — En vérité !
RUSTIGHELLO. — Et toi, que fais tu là, Astolfo?
ASTOLFO. — J'attends que tu t'en ailles, Rustighello.
RUSTIGHELLO. — A qui donc as-tu affaire, Astolfo?
ASTOLFO. — A l'homme qui demeure dans cette maison. — Et toi, à qui en veux-tu?
RUSTIGHELLO. — Au même.
ASTOLFO. — Diable!
RUSTIGHELLO. — Qu'est-ce que tu en veux faire?
ASTOLFO. — Je veux le mener chez la duchesse. — Et toi?
RUSTIGHELLO. — Je veux le mener chez le duc.
ASTOLFO. — Diable!
RUSTIGHELLO. — Qu'est-ce qui l'attend chez la duchesse?
ASTOLFO. — L'amour sans doute. — Et chez le duc?
RUSTIGHELLO. — Probablement la potence.
ASTOLFO. — Comment faire? il ne peut pas être à la fois chez le duc et chez la duchesse, amant heureux et pendu.
RUSTIGHELLO. — A-t-il de l'esprit, cet Astolfo!

Il fait un signe, les deux shires cachés sous le balcon ducal s'avancent et saisissent au collet Astolfo.

RUSTIGHELLO. — Saisissez cet homme. — Vous avez entendu ce qu'il a dit. Vous en témoignerez, — Silence, Astolfo! (*Aux autres sbires.*) — Enfants, à l'œuvre à présent! Enfoncez-moi cette porte.

Dans le troisième acte, la scène de l'orgie, à partir de la page 21 jusqu'à la page 22, doit être jouée comme il suit :

GUBETTA. — Une chanson à boire, messieurs! il nous faut une chanson à boire qui vaille mieux que le sonnet du mar-

Gennaro! je suis ta mère! (Page 23.)

quis Oloferno. Ce n'est pas moi qui vous en chanterai une, je jure par le bon vieux crâne de mon père que je ne sais pas de chansons, attendu que je ne suis pas poëte et que je n'ai point l'esprit assez galant pour faire se becqueter deux rimes au bout d'une idée. Mais vous, seigneur Maffio, qui êtes de belle humeur, vous devez savoir quelque chanson de table. Que diable! chantez-nous-la, amusons-nous.

MAFFIO. — Je veux bien, emplissez les verres. (Il chante.)

 Amis, vive l'orgie!
 J'aime la folle nuit,
 Et la nappe rougie,
 Et les chants et les bruits,
 Les dames peu sévères,
 Les cavaliers joyeux,
 Le vin dans tous les verres,
 L'amour dans tous les yeux.

 La tombe est noire,
 Les ans sont courts.
 Il faut, sans croire
 Aux sots discours,
 Très-souvent boire,
 Aimer toujours!

TOUS EN CHOEUR

La tombe est noire, etc.

Ils choquent leurs verres en riant aux éclats. Tout à coup on entend des voix éloignées qui chantent au dehors sur un ton lugubre.

VOIX AU DEHORS. — « Sanctum et terribile nomen ejus. Initium sapientiæ timor Domini. »

JEPPO. — Ecoutez, messieurs! — Corbacque! Pendant que nous chantons à boire, l'écho chante vêpres.

TOUS. — Ecoutons!

VOIX AU DEHORS, *un peu plus rapprochées*. — « Nisi Dominus custodierit civitatem, frustra vigilat qui custodit eam. »

JEPPO, *riant*. — Du plain-chant tout pur.

MAFFIO. — Quelque procession qui passe.

GENNARO. — A minuit! C'est un peu tard.

JEPPO. — Bah! continuons.

VOIX AU DEHORS, *qui se rapprochent de plus en plus*. — « Oculos habent et non videbunt, nares habent et non odorabunt, aures habent et non audient. »

JEPPO. — Sont-ils braillards, ces moines!
MAFFIO. — Regarde donc, Gennaro. Les lampes s'éteignent ici. Nous voici tout à l'heure dans l'obscurité.
VOIX AU DEHORS, *très-près*. — « Manus habent et non palpabunt. Pedes habent et non ambulabunt. Non clamabunt in gutture suo. »
GENNARO. — Il me semble que les voix se rapprochent.
JEPPO. — La procession me fait l'effet d'être en ce moment sous nos fenêtres.
MAFFIO. — Ce sont les prières des morts
ASCANIO. — C'est quelque enterrement.
JEPPO. — Buvons à la santé de celui qu'on va enterrer.
GUBETTA. — Savez-vous s'il n'y en a pas plusieurs?
JEPPO. — Eh bien! à la santé de tous!

Ils choquent leurs verres.

APOSTOLO. — Bravo! Et continuons de notre côté notre chanson à boire.

TOUS EN CHŒUR.

La tombe est noire,
Les ans sont courts.
Il faut, sans croire
Aux sots discours,
Très-souvent boire,
Aimer toujours!

VOIX AU DEHORS. — « Non mortui laudabunt te, Domine, neque omnes qui descendunt in infernum. »

MAFFIO.

Dans la douce Italie,
Qu'éclaire un si doux ciel,
Tout est joie et folie,
Tout est nectar et miel.
Ayons donc à nos fêtes
Les fleurs et les beautés,
La rose sur nos têtes,
La femme à nos côtés!

TOUS.

La tombe est noire, etc.

La grande porte du fond s'ouvre.

L'auteur ne terminera pas cette note sans engager ceux des acteurs de province qui pourraient être chargés des rôles de sa pièce, à étudier, s'ils en ont l'occasion, la manière dont *Lucrèce Borgia* est représentée à la Porte Saint-Martin. L'auteur est heureux de le dire, il n'est pas un rôle dans son ouvrage qui ne soit joué avec une intelligence singulière. Chaque acteur a la physionomie de son rôle. Chaque personnage se pose à son plan. De là un ensemble parfait, quoique mêlé à tout moment de verve et de fantaisie. Le jeu général de la pièce est tout à la fois plein d'harmonie et plein de relief, deux qualités qui s'excluent d'ordinaire. Aucun de ces effets criards qui détonnent dans les troupes jeunes, aucune de ces monoties qui alanguissent les troupes faites. Il n'est pas de troupe, à Paris, qui comprenne mieux que celle de la Porte Saint-Martin la mystérieuse loi de perspective suivant laquelle doit se mouvoir et s'étager au théâtre ce groupe de personnages passionnés ou ironiques qui noue et dénoue un drame.

Et cet ensemble est d'autant plus frappant dans le cas présent, qu'il y a dans *Lucrèce Borgia* certains personnages du second ordre représentés à la Porte Saint-Martin par des acteurs qui sont du premier ordre et qui se tiennent avec une grâce, une loyauté et un goût parfaits dans le demi-jour de leurs rôles. L'auteur les en remercie ici.

Parmi ceux-ci, le public a vivement distingué mademoiselle Juliette. On ne peut guère dire que la princesse Negroni soit un rôle; c'est, en quelque sorte, une apparition. C'est une figure belle, jeune et fatale, qui passe, soulevant aussi un coin du voile sombre qui couvre l'Italie au seizième siècle. Mademoiselle Juliette a jeté sur cette figure un éclat extraordinaire. Elle n'avait que peu de mots à dire, elle y a mis beaucoup de pensée. Il ne faut à cette jeune actrice qu'une occasion pour révéler puissamment au public un talent plein d'âme, de passion et de vérité.

Quant aux deux grands acteurs dont la lutte commence aux premières scènes du drame et ne s'achève qu'à la dernière, l'auteur n'a rien à leur dire qui ne leur soit dit chaque soir d'une manière bien autrement éclatante et sonore par les acclamations dont la foule les salue. M. Frédérick a réalisé avec génie le Gennaro que l'auteur avait rêvé. M. Frédérick est élégant et familier, il est plein de grandeur et plein de grâce, il est redoutable et doux; il est enfant et il est homme; il charme et il épouvante; il est modeste, sévère et terrible. Mademoiselle Georges réunit également au degré le plus rare les qualités diverses et quelquefois même opposées que son rôle exige. Elle prend superbement et en reine toutes les attitudes du personnage qu'elle représente. Mère au premier acte, femme au second, grande comédienne dans cette scène de ménage avec le duc de Ferrare où elle est si bien secondée par M. Lockroy, grande tragédienne pendant l'insulte, grande tragédienne pendant la vengeance, grande tragédienne pendant le châtiment, elle passe comme elle veut, et sans effort, du pathétique tendre au pathétique terrible. Elle fait applaudir et elle fait pleurer. Elle est sublime comme Hécube et touchante comme Desdémona.

FIN DE LUCRÈCE BORGIA

MÉLANGES LITTÉRAIRES

HISTOIRE

Chez les anciens, l'occupation d'écrire l'histoire était le délassement des grands hommes historiques; c'était Xénophon, chef des Dix Mille; c'était Tacite, prince du sénat. Chez les modernes, comme les grands hommes historiques ne savaient pas lire, il fallut que l'histoire se laissât écrire par des lettrés et des savants, gens qui n'étaient savants et lettrés que parce qu'ils étaient restés toute leur vie étrangers aux intérêts de ce bas monde, c'est-à-dire à l'histoire.

De là, dans l'histoire, telle que les modernes l'ont écrite, quelque chose de petit et de peu intelligent.

Il est à remarquer que les premiers historiens anciens écrivirent d'après des traditions, et les premiers historiens modernes d'après des chroniques.

Les anciens, écrivant d'après des traditions, suivaient cette grande idée morale qu'il ne suffisait pas qu'un homme eût vécu ou même qu'un siècle eût existé pour qu'il fût de l'histoire, mais qu'il fallait encore qu'il eût légué de grands exemples à la mémoire des hommes. Voilà pourquoi l'histoire ancienne ne languit jamais. Elle est ce qu'elle doit être, le tableau raisonné des grands hommes et des grandes choses, et non pas, comme on l'a voulu faire de notre temps, le registre de la vie de quelques hommes, ou le procès-verbal de quelques siècles.

Les historiens modernes, écrivant d'après des chroniques, ne virent dans les livres que ce qui y était : des faits contradictoires à rétablir et des dates à concilier. Ils écrivirent en savants, s'occupant beaucoup des faits et rarement des conséquences, ne s'étendant pas sur les événements d'après l'intérêt moral qu'ils étaient susceptibles de présenter, mais d'après l'intérêt de curiosité qui leur restait encore, eu égard aux événements de leur siècle. Voilà pourquoi la plupart de nos histoires commencent par des abrégés chronologiques et se terminent par des gazettes.

On a calculé qu'il faudrait huit cents ans à un homme qui lirait quatorze heures par jour pour lire seulement les ouvrages écrits sur l'histoire qui se trouvent à la Bibliothèque royale; et parmi ces ouvrages il faut en compter plus de vingt mille, la plupart en plusieurs volumes, sur la seule histoire de France, depuis MM. Royou, Fantin-Désodoards et Anquetil, qui ont donné des histoires complètes, jusqu'à ces braves chroniqueurs Froissard, Comines et Jean de Troyes, par lesquels nous savons que *ung tel jour le roi estoit malade*, et que *ung tel autre jour ung homme se noya dans la Seine*.

Parmi ces ouvrages, il en est quatre généralement connus sous le nom des quatre grandes histoires de France : celle de Dupleix, qu'on ne lit plus; celle de Mézeray, qu'on lira toujours, non parce qu'il est aussi exact et aussi vrai que Boileau l'a dit pour la rime, mais parce qu'il est original et satirique, ce qui vaut encore mieux pour des lecteurs français; celle du père Daniel, jésuite, fameux par ses descriptions de batailles, qui a fait en vingt ans une histoire où il n'y a d'autre mérite que l'érudition, et dans laquelle le comte de Boulainvilliers ne trouvait guère que dix mille erreurs; et enfin celle de Vély, continuée par Villaret et par Garnier.

« Il y a des morceaux bien faits dans Vély, dit Vol-
« taire (dont les jugements sont précieux), on lui doit des
« éloges et de la reconnaissance; mais il faudrait avoir
« le style de son sujet, et pour faire une bonne histoire de
« France il ne suffit pas d'avoir du discernement et du
« goût. »

Villaret, qui avait été comédien, écrit d'un style prétentieux et ampoulé, il fatigue par une affectation continuelle de sensibilité et d'énergie; il est souvent inexact et rarement impartial. Garnier, plus raisonnable, plus instruit, n'est guère meilleur écrivain; sa manière est terne, son style est lâche et prolixe. Il n'y a entre Garnier et Villaret que la différence du médiocre au pire; et, si la première condition de vie pour un ouvrage doit être de se faire lire, le travail de ces deux auteurs peut être, à juste titre, regardé comme non avenu.

Au reste, écrire l'histoire d'une seule nation, c'est œuvre incomplète, sans tenants et sans aboutissants, et par conséquent manquée et difforme. Il ne peut y avoir de bonnes histoires locales que dans les compartiments bien proportionnés d'une histoire générale. Il n'y a que deux tâches dignes d'un historien dans ce monde : la chronique, le journal, ou l'histoire universelle. Tacite ou Bossuet.

Sous un point de vue restreint, Comines a écrit une assez bonne histoire de France en six lignes : « Dieu
« n'a créé aucune chose en ce monde, ny hommes, ny
« bestes, à qui il n'ait fait quelque chose son contraire,
« pour la tenir en crainte et en humilité. C'est pourquoi
« il a fait France et Angleterre voisines. »

La France, l'Angleterre et la Russie sont de nos jours les trois géants de l'Europe. Depuis nos récentes commotions politiques, ces colosses ont chacun une attitude particulière : l'Angleterre se soutient, la France se relève, la Russie se lève. Ce dernier empire, jeune encore au milieu du vieux continent, grandit depuis un siècle avec une rapidité singulière. Son avenir est d'un poids immense dans nos destinées. Il n'est pas impossible que sa *barbarie* vienne un jour retremper notre civilisation, et le sol russe semble tenir en réserve des populations sauvages pour nos régions policées.

Cet avenir de la Russie, si important aujourd'hui pour l'Europe, donne une haute importance à son passé. Pour bien deviner ce que sera ce peuple, on doit étudier soigneusement ce qu'il a été. Mais rien de plus difficile qu'une pareille étude. Il faut marcher comme perdu au milieu d'un chaos de traditions confuses, de récits incomplets, de contes, de contradictions, de chroniques tronquées. Le passé de cette nation est aussi ténébreux que son ciel, et il y a des déserts dans ses annales comme dans son territoire.

Ce n'est donc pas une chose aisée à faire qu'une bonne histoire de Russie. Ce n'est pas une médiocre entreprise que de traverser cette nuit des temps, pour aller, parmi tant de faits et de récits qui se croisent et se heurtent, à la découverte de la vérité. Il faut que l'écrivain saisisse hardiment le fil de ce dédale; qu'il en débrouille les ténèbres; que son érudition laborieuse jette de vives lumières sur toutes les sommités de cette histoire. Sa critique consciencieuse et savante aura soin de rétablir les causes en combinant les résultats. Son style fixera les physionomies, encore indécises, des personnages et des époques. Certes, ce n'est point une tâche facile de remettre à flot et de faire repasser sous nos yeux tous ces événements depuis si longtemps disparus du cours des siècles.

L'historien devra, ce nous semble, pour être complet, donner un peu plus d'attention qu'on ne l'a fait jusqu'ici à l'époque qui précède l'invasion des Tartares, et consacrer tout un volume peut-être à l'histoire de ces tribus vagabondes qui reconnaissent la souveraineté de la Russie. Ce travail jetterait sans doute un grand jour sur l'ancienne civilisation qui a probablement existé dans le Nord, et l'historien pourrait s'y aider des savantes recherches de monsieur Klaproth.

Lévesque a déjà raconté, il est vrai, en deux volumes ajoutés à son long ouvrage, l'histoire de ces peuplades tributaires; mais cette matière attend encore un véritable historien. Il faudrait aussi traiter avec plus de développement que Lévesque, et surtout avec plus de sincérité, certaines époques d'un grand intérêt, comme le règne fameux de Catherine. L'historien digne de ce nom flétrirait avec le fer chaud de Tacite et la verge de Juvénal cette courtisane couronnée, à laquelle les altiers sophistes du dernier siècle avaient voué un culte qu'ils refusaient à leur Dieu et à leur roi; cette reine régicide, qui avait choisi pour ses tableaux de boudoir un massacre (1) et un incendie (2).

Sans nul doute, une bonne *Histoire de Russie* éveillerait vivement l'attention. Les destins futurs de la Russie sont aujourd'hui le champ ouvert à bien des méditations. Ces terres du septentrion ont déjà plusieurs fois jeté le torrent de leurs peuples à travers l'Europe. Les Français de ce temps ont vu, entre autres merveilles, paître dans les gazons des Tuileries des chevaux qui avaient coutume de brouter l'herbe au pied de la grande muraille de la Chine; et les vicissitudes inouïes dans le cours des choses ont réduit de nos jours les nations méridionales à adresser à un autre Alexandre le vœu de Diogène : *Retire-toi de notre soleil.*

___

Il y aurait un livre curieux à faire sur la condition des juifs au moyen âge. Ils étaient bien haïs, mais ils étaient bien odieux; ils étaient bien méprisés, mais ils étaient bien vils. Le peuple déicide était aussi un peuple voleur. Malgré les avis du rabbin Beccaï (3) ils ne se faisaient aucun scrupule de piller les *nazaréens*, ainsi qu'ils nommaient les chrétiens; aussi étaient-ils souvent les victimes de leur propre cupidité. Dans la première expédition de Pierre l'Ermite, des croisés, emportés par le zèle, firent le vœu d'égorger tous les juifs qui se trouveraient sur leur route, et ils le remplirent. Cette exécution était une représaille sanglante des bibliques massacres commis par les juifs. Suarez observe seulement que *les Hébreux avaient souvent égorgé leurs voisins par une piété bien entendue, et que les croisés massacraient les Hébreux par* une piété mal entendue.

(1) Le massacre des Polonais dans le faubourg de Praga.
(2) L'incendie de la flotte ottomane dans la baie de Tchesmé. Ces deux peintures étaient les seules qui décorassent le boudoir de Catherine.
(3) Ce sage docteur voulait empêcher les juifs d'être subjugués par les chrétiens. Voici ses paroles, qu'on ne sera peut-être pas fâché de retrouver : *Les sages défendent de prêter de l'argent à un chrétien, de peur que le créancier ne soit corrompu par le débiteur; mais un juif peut emprunter d'un chrétien sans crainte d'être séduit par lui, car le débiteur évite toujours son créancier.* Juif complet, qui met l'expérience de l'usurier au service de la doctrine du rabbin.

Voilà un échantillon de haine; voici un échantillon de mépris.

En 1262, une mémorable conférence eut lieu devant le roi et la reine d'Aragon, entre le savant rabbin Zéchiel et le frère Paul Ciriaque, dominicain très-érudit. Quand le docteur juif eut cité le Toldos Jeschut, le Targum, les archives du Sanhédrin, le Nissachon Vetus, le Talmud, etc., la reine finit la dispute en lui demandant *pourquoi les juifs puaient*. Il est vrai que cette haine et ce mépris s'affaiblirent avec le temps. En 1687, on imprima les controverses de l'Israélite Orobio et de l'Arménien Philippe Limborch, dans lesquelles le rabbin présente des objections aux très-illustre et très-savant chrétien, et où le chrétien réfute les assertions du très-savant et très-illustre juif. On vit, dans le même dix-septième siècle, le professeur Rittangel, de Kœnigsberg, et Antoine, ministre chrétien à Genève, embrasser la loi mosaïque; ce qui prouve que la prévention contre les juifs n'était plus aussi forte à cette époque.

Aujourd'hui, il y a fort peu de juifs qui soient juifs, fort peu de chrétiens qui soient chrétiens. On ne méprise plus, on ne hait plus, parce qu'on ne croit plus. Immense malheur! Jérusalem et Salomon, choses mortes; Rome et Grégoire VII, choses mortes. Il y a Paris et Voltaire.

___

L'homme masqué, qui se fit si longtemps passer pour Dieu dans la province de Khorassan, avait d'abord été greffier de la chancellerie d'Abou Moslem, gouverneur de Khorassan, sous le khalife Almanzor. D'après l'auteur du *Lobbtarikh*, il se nommait Hakem Ben Haschem. Sous le règne du khalife Mahadi, troisième Abasside — vers l'an 160 de l'hégire —, il se fit soldat, puis devint capitaine et chef de secte. La cicatrice d'un fer de flèche ayant rendu son visage hideux, il prit un voile et fut surnommé *Burcaï* — voilé. — Ses adorateurs étaient convaincus que ce voile ne servait qu'à leur cacher la splendeur foudroyante de son visage. Khondemir, qui s'accorde avec Ben Schanah pour le nommer Hakem Ben Atha, lui donne le titre de *Mocanná* — *masqué* en arabe, — et prétend qu'il portait un masque d'or. Observons, en passant, qu'un poète irlandais contemporain a changé le masque d'or en un voile d'argent. Abou Giafar al Thabari donne un exposé de sa doctrine. Cependant, la rébellion de cet imposteur devenant de plus en plus inquiétante, Mahadi envoya à sa rencontre l'émir Abusaïd, qui défit le Prophète-Voilé, le chassa de Mérou et le força à se renfermer dans Nekhscheb, où il était né et où il devait mourir. L'imposteur, assiégé, ranima le courage de son armée fanatique par des miracles qui semblent encore incroyables. Il faisait sortir toutes les nuits du fond d'un puits un globe lumineux qui, suivant Khondemir, jetait sa clarté à plusieurs milles à la ronde; ce qui le fit surnommer Sazendêh Mah, *le faiseur de lunes*. Enfin, réduit au désespoir, il empoisonna le reste de ses séides dans un banquet, et, afin qu'on crût remonté au ciel, il s'engloutit lui-même dans une cuve remplie de matières corrosives. Ben Schalinah assure que ses cheveux surnagèrent et ne furent pas consumés. Il ajoute qu'une de ses concubines, qui s'était cachée pour se dérober au poison, survécut à cette destruction générale, et ouvrit les portes de Nekhscheb à Abusaïd. Le Prophète-Masqué, que d'ignorants chroniqueurs ont confondu avec le Vieux de la Montagne, avait choisi pour ses drapeaux la couleur blanche, en haine des Abassides, dont l'étendard était noir. Sa secte subsista longtemps après lui, et, par un capricieux hasard, il y eut parmi les Turcomans une distinction de Blancs et de Noirs à la même époque où les Bianchi et les Neri divisaient l'Italie en deux grandes factions.

___

Il est des convenances de langage qui ne sont révélées à

l'écrivain que par l'esprit de nation. Le mot *barbares*, qui sied à un Romain parlant des Gaulois, sonnerait mal dans la bouche d'un Français. Un historien étranger ne trouverait jamais certaines expressions qui sentent l'homme du pays. Nous disons que Henri IV gouverna son peuple avec une bonté paternelle; une inscription chinoise, traduite par les jésuites, parle d'un empereur qui régna avec une bonté *maternelle*. Nuance toute chinoise et toute charmante.

A UN HISTORIEN.

Vos descriptions de batailles sont bien supérieures aux tableaux poudreux et confus, sans perspective, sans dessin et sans couleur, que nous a laissés Mézeray, et aux interminables bulletins du père Daniel; toutefois, vous nous permettrez une observation dont nous croyons que vous pourrez profiter dans la suite de votre ouvrage.

Si vous vous êtes rapproché de la manière des anciens, vous ne vous êtes pas encore assez dégagé de la routine des historiens modernes; vous vous arrêtez trop aux détails, et vous ne vous attachez pas assez à peindre les masses. Que nous importe en effet que Brissac ait exécuté une charge contre d'Andelot, que Lanoue ait été renversé de cheval et que Montpensier ait passé le ruisseau? la plupart de ces noms, qui apparaissent là pour la première fois dans le cours de l'ouvrage, jettent de la confusion dans un endroit où l'auteur ne saurait être trop clair, et lorsqu'il devrait entraîner l'esprit par une succession rapide de tableaux. Le lecteur s'arrête à chercher à quel parti tels ou tels noms appartiennent, pour pouvoir suivre le fil de l'action. Ce n'est point ainsi qu'usait Polybe, et après lui Tacite, les deux premiers peintres de batailles de l'antiquité. Ces grands historiens commencent par nous donner une idée exacte de la position des deux armées par quelque image sensible tirée de l'ordre physique; l'armée était rangée en demi-cercle, elle avait la forme d'un aigle aux ailes étendues; ensuite viennent les détails. Les Espagnols formaient la première ligne, les Africains la seconde, les Numides étaient jetés aux deux ailes, les éléphants marchaient en tête, etc. Mais, nous vous le demandons à vous-même, si nous lisions dans Tacite: Vibulenus exécute une charge contre Rusticus, Lentulus est renversé de cheval, Civilis passe le ruisseau, il serait très-possible que ce petit bulletin eût paru très-clair et très-intéressant aux contemporains; mais nous doutons fort qu'il eût trouvé le même degré de faveur auprès de la postérité. Et c'est une erreur dans laquelle sont tombés la plupart des historiens modernes: l'habitude de lire les chroniques leur rend familiers les personnages inférieurs de l'histoire, qui ne doivent point y paraître; le désir de tout dire, lorsqu'ils ne devraient dire que ce qui est intéressant, les leur fait employer comme acteurs dans les occasions les plus importantes. De là vient qu'ils nous donnent des descriptions qu'ils comprennent fort bien, eux et les érudits, parce qu'ils connaissent les masques, mais dans lesquelles la plupart des lecteurs, qui ne sont pas obligés d'avoir lu les chroniques pour pouvoir lire l'histoire, ne voient guère autre chose que des noms et de l'ennui. En général, il ne faut dire à la postérité que ce qui peut l'intéresser. Et, pour intéresser la postérité, il ne suffit pas d'avoir bien exécuté une charge ou d'avoir été renversé de cheval, il faut avoir combattu de la main et des dents comme Cynégire, être mort comme d'Assas, ou avoir embrassé les piques comme Vinkelried.

L'hermine de premier président du parlement de Paris fut plus d'une fois ensanglantée par des meurtres populaires ou juridiques; et l'histoire recueillera ce fait singulier, que le premier titulaire de cette charge, Simon de Bucy, pour qui elle fut instituée en 1440, et le dernier qui en fut revêtu, Bochard de Saron, furent tous deux victimes des troubles révolutionnaires. Fatalité digne de méditation!

Tout historien qui se laisse faire par l'histoire, et qui n'en domine pas l'ensemble, est infailliblement submergé sous les détails.

Sinbad le marin, ou je ne sais quel autre personnage des *Mille et une Nuits*, trouva un jour, au bord d'un torrent, un vieillard exténué qui ne pouvait passer. Sinbad lui prêta le secours de ses épaules, et le bonhomme, s'y cramponnant alors avec une vigueur diabolique, devint tout à coup le plus impérieux des maîtres et le plus opiniâtre des écuyers. Voilà, à mon sens, le cas de tout homme aventureux qui s'avise de prendre le temps passé sur son dos pour lui faire traverser le Léthé, c'est-à-dire d'écrire l'histoire. Le quinteux vieillard lui trace, avec une capricieuse minutie, une route tortueuse et difficile; si l'esclave obéit à tous ses écarts, et n'a pas la force de se faire un chemin plus droit et plus court, il le noie malicieusement dans le fleuve.

THÉÂTRE

I

On nomme *action* au théâtre la lutte de deux forces opposées. Plus ces forces se contre-balancent, plus la lutte est incertaine; plus il y a alternative de crainte ou d'espérance, plus il y a d'intérêt. Il ne faut pas confondre cet intérêt qui naît de l'action avec une autre sorte d'intérêt que doit inspirer le héros de toute tragédie, et qui n'est qu'un sentiment de terreur, d'admiration ou de pitié. Ainsi, il se pourrait très-bien que le principal personnage d'une pièce excitât de l'intérêt, parce que son caractère est noble et sa situation touchante, et que la pièce manquât d'intérêt, parce qu'il n'y aurait point d'alternative de crainte et d'espérance. Si cela n'était pas, plus une situation terrible serait prolongée, plus elle serait belle, et le sublime de la tragédie serait le comte Ugolin enfermé dans une tour avec ses fils pour y mourir de faim; scène de terreur monotone, qui n'a pu réussir même en Allemagne, pays de penseurs profonds, attentifs et fixes.

II

Dans une œuvre dramatique, quand l'incertitude des événements ne naît plus que de l'incertitude des caractères, ce n'est plus la tragédie par force, mais la tragédie par faiblesse. C'est, si l'on veut, le spectacle de la vie humaine; les grands effets par les petites causes; ce sont des hommes, mais au théâtre il faut des anges ou des géants

III

Il y a des poëtes qui inventent des ressorts dramatiques, et ne savent pas ou ne peuvent pas les faire jouer, semblables à cet artisan grec qui n'eut pas la force de tendre l'arc qu'il avait forgé.

IV

L'amour au théâtre doit toujours marcher en première ligne, au-dessus de toutes les vaines considérations qui modifient d'ordinaire les volontés et les passions des hommes. Il est la plus petite des choses de la terre, s'il n'en est la plus grande. On objectera que, dans cette hypothèse, le Cid ne devrait point se battre avec don Gormas. Eh ! point du tout. Le Cid connaît Chimène ; il aime mieux encourir sa colère que son mépris, parce que le mépris tue l'amour. L'amour, dans les grandes âmes, c'est une estime céleste.

V

Il est à remarquer que le dénoûment de **Mahomet** est plus manqué qu'on ne le croit généralement. Il suffit, pour s'en convaincre, de le comparer avec celui de **Britannicus**. La situation est semblable. Dans les deux tragédies, c'est un tyran qui perd sa maîtresse au moment où il croit s'en être assuré la possession. La pièce de Racine laisse dans l'âme une impression triste, mais qui n'est pas sans quelque consolation, parce que l'on sent que Britannicus est vengé, et que Néron n'est pas moins malheureux que ses victimes. Il semble qu'il devrait en être de même dans Voltaire ; cependant le cœur, qui ne se trompe pas, reste abattu, et en effet Mahomet n'est nullement puni. Son amour pour Palmire n'est qu'une petitesse dans son caractère et qu'un moyen dérisoire dans l'action. Lorsque le spectateur voit cet homme songer à sa grandeur au moment où sa maîtresse se poignarde sous ses yeux, il sent bien qu'il ne l'a jamais aimée, et qu'ayant deux heures il se sera consolé de sa perte.

Le sujet de Racine est mieux choisi que celui de Voltaire. Pour le poëte tragique, il y a une profonde et radicale différence entre l'empereur romain et le chamelier-prophète. Néron peut être amoureux, Mahomet non. Néron, c'est un phallus ; Mahomet, c'est un cerveau.

VI

Le propre des sujets bien choisis est de porter leur auteur. **Bérénice** n'a pu faire tomber Racine ; Lamotte n'a pu faire tomber **Inès**.

VII

La différence qui existe entre la tragédie allemande et la tragédie française provient de ce que les auteurs allemands voulurent créer tout d'abord, tandis que les Français se contentèrent de corriger les anciens. La plupart de nos chefs-d'œuvre ne sont parvenus au point où nous les voyons qu'après avoir passé par les mains des premiers hommes de plusieurs siècles. Voilà pourquoi il est si injuste de s'en faire un titre pour écraser les productions originales.

La tragédie allemande n'est autre chose que la tragédie des Grecs, avec les modifications qu'a dû y apporter la différence des époques. Les Grecs aussi avaient voulu faire concourir le faste de la scène aux jeux du théâtre, de là ces masques, ces chœurs, ces cothurnes ; mais, comme chez eux les arts qui tiennent des sciences étaient dans le premier état d'enfance, ils furent bientôt ramenés à cette simplicité que nous admirons. Voyez dans Servius ce qu'il fallait faire pour changer une décoration sur le théâtre des anciens.

Au contraire, les auteurs allemands, arrivant au milieu de toutes les inventions modernes, se servirent des moyens qui étaient à leur portée pour couvrir les défauts de leurs tragédies. Lorsqu'ils ne pouvaient parler au cœur, ils parlèrent aux yeux. Heureux s'ils avaient su se renfermer dans de justes bornes ! Voilà pourquoi la plupart des pièces allemandes ou anglaises qu'on transporte sur notre scène produisent moins d'effet que dans l'original ; on leur laisse les défauts qui tiennent aux plans et aux caractères, et on leur ôte cette pompe théâtrale qui en est la compensation.

Madame de Staël attribue encore à une autre raison la prééminence des auteurs français sur les auteurs allemands, et elle a observé juste. Les grands hommes français étaient réunis, dans cette hypothèse, dans le même foyer de lumières ; et les grands hommes allemands étaient disséminés comme dans des patries différentes. Il en est de deux hommes de génie comme des deux fluides sur la batterie ; il faut les mettre en contact pour qu'ils vous donnent la foudre.

VIII

On peut observer qu'il y a deux sortes de tragédies : l'une qui est faite avec des sentiments, l'autre qui est faite avec des événements. La première considère les hommes sous le point de vue des rapports établis entre eux par la nature ; la seconde, sous le point de vue des rapports établis entre eux par la société. Dans l'une, l'intérêt naît du développement d'une des grandes affections auxquelles l'homme est soumis par cela même qu'il est homme, telles que l'amour, l'amitié, l'amour filial et paternel, dans l'autre, il s'agit toujours d'une volonté politique appliquée à la défense ou au renversement des institutions établies. Dans le premier cas, le personnage est évidemment passif, c'est-à-dire qu'il ne peut se soustraire à l'influence des objets extérieurs ; un jaloux ne peut s'empêcher d'être jaloux, un père ne peut s'empêcher de craindre pour son fils ; et peu importe comment ces impressions sont amenées, pourvu qu'elles soient intéressantes ; le spectateur appartient toujours à ce qu'il croient ou à ce qu'il désire. Dans le second cas, au contraire, le personnage est essentiellement actif, parce qu'il n'a qu'une volonté immuable, et que la volonté ne peut se manifester que par des actions. On peut comparer ces deux tragédies, l'une à une statue que l'on taille dans le bloc, l'autre à une statue que l'on jette en fonte. Dans le premier cas, le bloc existe ; il lui suffit pour devenir la statue d'être soumis à une influence extérieure ; dans le second, il faut que le métal ait en lui-même la faculté de parcourir le moule qu'il doit remplir. A mesure que toutes les tragédies se rapprochent plus ou moins de ces deux types, elles participent plus ou moins de l'un ou de l'autre ; il faut une forte constitution aux tragédies de tête pour se soutenir ; les tragédies de cœur ont à peine besoin de s'astreindre à un plan. Voyez **Mahomet** et le **Cid**.

IX

E. vient d'écrire ceci aujourd'hui 27 avril 1819 :

« En général, une chose nous a frappés dans les com-
« positions de cette jeunesse qui se presse maintenant sur
« nos théâtres : ils en sont encore à se contenter facile-
« ment d'eux-mêmes. Ils perdent à ramasser des couronnes
« un temps qu'ils devraient consacrer à de courageuses
« méditations. Ils réussissent, mais leurs rivaux sortent
« joyeux de leurs triomphes. Veillez ! veillez ! jeunes gens,
« recueillez vos forces, vous en aurez besoin le jour de la
« bataille. Les faibles oiseaux prennent leur vol tout d'un
« trait ; les aigles rampent avant de s'élever sur leurs
« ailes. »

FANTAISIE

Février 1819.

Ce que je veux, c'est ce que tout le monde veut, ce que tout le monde demande, c'est-à-dire du pouvoir pour le roi et des garanties pour le peuple.

Et, en cela, je suis bien différent de certains honnêtes gens de ma connaissance qui professent hautement la même maxime, et qui, lorsqu'on en vient aux applications, se trouvent n'en vouloir réellement, les uns qu'une moitié, les autres qu'une autre, c'est-à-dire les uns qu'un peu de despotisme et les autres que beaucoup de licence, à peu près comme feu mon grand-oncle qui avait sans cesse à la bouche le fameux précepte de l'école de Salerne : *Manger peu, mais souvent;* mais qui n'en admettait que la première partie pour l'usage de la maison.

Février 1819.

L'autre jour je trouvai, dans Cicéron, ce passage : « Et « il faut que l'orateur, en toutes circonstances, sache prou- « ver le pour et le contre, » *in omni causa duas contrarias orationes explicari;* et, dis-je, c'est justement ce qu'il faut dans un siècle où l'on a découvert deux sortes de consciences, celle du cœur et celle de l'estomac.

Voilà pour la conscience de l'orateur selon Cicéron, *vir probus dicendi peritus.* Pour ce qui est de ses mœurs, — ce que j'en écris ici n'est que pour l'instruction de la jeunesse de nos colléges, — on connaît la simplicité des mœurs antiques. Nous n'avons aucune raison de croire que les orateurs fissent autrement que les guerriers. Après qu'Achille et Patrocle ont tant pleuré Briséis, Achille, dit madame Dacier, conduit vers sa tente la belle Diomède, fille du sage Phorbas, et Patrocle s'abandonne au doux sommeil entre les bras de la jeune Iphis, amenée captive de Scyros. C'est comme Pétrarque qui, après avoir perdu Laure, mourut de douleur à soixante-dix ans, en laissant un fils et une fille.

Et à Athènes, où les pères envoyaient leurs fils à l'école chez Aspasie, à Athènes, cette ville de la politesse et de l'éloquence : — Qu'as-tu fait des cent écus que t'a valu le soufflet que tu reçus l'autre jour de Midias en plein théâtre? criait Eschine à Démosthènes. — Eh quoi! Athéniens, vous voulez couronner le front qui s'écorche lui-même à dessein d'intenter des accusations lucratives aux citoyens? En vérité, ce n'est pas une tête que porte cet homme sur ses épaules, c'est une ferme.

Que dirai-je du barreau romain? des honnêtetés que se faisaient mutuellement les Scaurus et les Catulus en présence de toute la canaille de Rome assemblée? — On ne m'écoute pas, je suis Cassandre, criait Sextius. Je ne suis pas assez sûr de n'être jamais lu que par des hommes pour rapporter la sanglante réplique de Marc-Antoine, et au triomphe de César, qui était aussi un orateur : Citoyens, cachez vos femmes! chantaient ses propres soldats. *Urbani, claudite uxores, mœchum calvum adducimus.*

Je saisis cette occasion pour déclarer que je me repens bien sincèrement de n'être pas né dans les siècles antiques; je compte même écrire contre mon siècle un gros livre dont mon libraire vous prie, en passant, monsieur, de vouloir bien lui prendre quelques petites souscriptions.

Et, en effet, ce devait être un bien beau temps que celui où, quand le peuple avait faim, on l'apaisait avec une fable longue et plate, qui pis est! *O tempora! o mores!* vont à leur tour s'écrier nos ministres.

Et où, monsieur, pourvu que l'on ne fût ni borgne, ni bossu, ni boiteux, ni bancal, ni aveugle;

Pourvu, d'ailleurs, que l'on ne fût ni trop faible, ni trop puissant, ni trop méchant homme, ni trop homme de bien,

Et surtout, ce qui était de rigueur, pourvu que l'on eût la précaution de ne point bâtir sa maison sur une butte;

Alors, dis-je, en tant que l'on ne fût point emporté par la lèpre ou par la peste, on pouvait raisonnablement espérer de mourir tranquillement dans son lit; ce qui, à la vérité, n'est guère héroïque;

Et où, monsieur, pour peu que l'on se sentît tant soit peu grand homme, — comme vous et moi, monsieur, — c'est-à-dire que l'on eût le noble désir d'être utile à la patrie par quelque action vaillante ou quelque invention merveilleuse, — désir qui, comme on sait, n'engage à rien, — alors, monsieur, il n'y avait rien aussi à quoi un honnête citoyen ne pût raisonnablement prétendre, qui sait, peut-être même à être pendu comme Phocion, ou comme Duilius, l'accrocheur de vaisseaux, à être conduit par la ville avec une flûte et deux lanternes, à peu près comme de nos jours l'âne savant.

Avril 1819.

Il pourrait, à mon sens, jaillir des réflexions utiles de la comparaison entre les romans de Lesage et ceux de Walter Scott, tous deux supérieurs dans leur genre. Lesage, ce me semble, est plus spirituel; Walter Scott est plus original; l'un excelle à raconter les aventures d'un homme, l'autre mêle à l'histoire d'un individu la peinture de tout un peuple, de tout un siècle; le premier se rit de toute vérité de lieux, de mœurs, d'histoire; le second, scrupuleusement fidèle à cette vérité même, lui doit l'éclat magique de ses tableaux. Dans tous les deux, les caractères sont tracés avec art; mais, dans Walter Scott, ils paraissent mieux soutenus, parce qu'ils sont plus saillants, d'une nature plus fraiche et moins polie. Lesage sacrifie souvent la conscience de ses héros au comique d'une intrigue; Walter Scott donne à ses héros des âmes plus sévères; leurs principes, leurs préjugés même, ont quelque chose de noble, en ce qu'ils ne savent point plier devant les événements. On s'étonne, après avoir lu un roman de Lesage, de la prodigieuse variété du plan, on s'étonne encore plus, en achevant un roman de Scott, de la simplicité du canevas; c'est que le premier met son imagination dans les faits, et le second dans les détails. L'un peint la vie, l'autre peint le cœur. Enfin, la lecture des ouvrages de Lesage donne, en quelque sorte, l'expérience du sort; la lecture de ceux de Walter Scott donne l'expérience des hommes.

« C'était un homme merveilleux et aussi grotesque qu'il « y en ait jamais eu dans le peuple latin. Il mettait ses « collections dans ses chaussons, et, quand, dans l'ardeur « de la dispute, nous lui contestions quelque chose, il ap- « pelait son valet : — Hem, hem, hem, Dave, apporte-moi « le chausson de la tempérance, le chausson de la justice, « ou le chausson de Platon, ou celui d'Aristote, selon les « matières qui étaient mises sur le tapis. Cent choses de « cette sorte me faisaient rire de tout mon cœur, et j'en « ris encore à présent comme si j'étais à même. » Les savants chaussons de Giraldo Giraldi méritent, certes, d'être aussi célèbres que la perruque de Kant, laquelle s'est vendue 30,000 florins à la mort du philosophe, et n'a plus été payée que 1,200 écus à la dernière foire de Leipzig; ce qui prouverait, à mon sens, que l'enthousiasme pour Kant et son idéologie diminue en Allemagne. Cette perruque, dans les variations de son prix, pourrait être considérée comme le thermomètre des progrès du système de Kant.

———

Tout le monde a entendu parler de Jean Alary, l'inventeur de la *Pierre philosophale des sciences* : voici quelques détails sur cet homme célèbre pour le peintre qui se proposera de faire son portrait : « Alary portait au milieu « de la cour même une longue et épaisse barbe, un chapeau « d'une forme haute et carrée qui n'était pas celle du « temps, et un long manteau doublé de longue peluche « qui lui descendait plus bas que les talons, et qu'il por- « tait même souvent pendant les grandes chaleurs de l'été, « ce qui le distinguait des autres hommes, et le faisait con- « naître du peuple, qui l'appelait hautement le *philosophe* « *crotté*, de quoi, dit Colletet, sa modestie ne s'offensait « jamais. »

Colletet appelait Alary le *philosophe crotté*, Boileau appelait Colletet le *poète crotté*. C'est qu'alors l'esprit et le savoir, ces deux démons si redoutés aujourd'hui, étaient de fort pauvres diables. Aujourd'hui ce qui salit le poète et le philosophe, ce n'est pas la pauvreté, c'est la vénalité; ce n'est pas la crotte, c'est la boue.

———

C'est sans doute par une conviction intime de mon ignorance que je tremble à l'approche d'une tête savante et que je recule à l'aspect d'un livre érudit. Quand le talent de critique se trouva dans mon cerveau, je savais tout juste assez de latin pour entendre ce que signifiait *genus irritabile*, et j'avais tout juste assez d'esprit et d'expérience pour comprendre que cette qualification s'applique au moins aussi bien aux savants qu'aux poëtes. Me voyant donc forcé d'exercer mon talent de critique sur l'une ou l'autre de ces deux classes constituantes du *genus irritabile*, je me promis bien de n'établir jamais ma juridiction que sur la dernière, parce qu'elle est réellement la seule qui ne puisse démontrer l'ineptie ou l'ignorance d'un critique. Vous dites à un poëte tout ce qui vous passe par la tête, vous lui dictez des arrêts, vous lui inventez des défauts. S'il se fâche, vous citez Aristote, Quintilien, Longin, Horace, Boileau. S'il n'est pas étourdi de tous ces grands noms, vous invoquez le *goût*; qu'a-t-il à répondre? Le goût est semblable à ces dieux, celui-là n'a que des secrets.

anciennes divinités païennes qu'on respectait d'autant plus qu'on ne savait où les trouver, ni sous quelle forme les adorer. Il n'en est pas de même avec les savants. *Ce sont gens*, comme disait Laclos, *qui ne se battent qu'à coups de faits*; et il est fort désagréable pour un grave journaliste, lequel n'a ordinairement d'un érudit que le pédantisme, de se voir rendre, par quelque savant irrité, les coups de férule qu'il lui avait administrés étourdiment. Joignez à cela qu'il n'y a rien de terrible comme la colère d'un savant, attaqué sur son terrain favori. Cette espèce d'hommes-là ne sait dire d'injures que par in-folio; il semble que la langue ne leur fournisse point de termes assez forts pour exprimer leur indignation. Visdelou, cet amant platonique de la lexicologie, raconte, dans son *Supplément à la bibliothèque orientale*, que l'impératrice chinoise Uu-Heu commit plusieurs *crimes*, tels que d'assassiner son mari, son frère, ses fils; mais un surtout, qu'il appelle *un attentat inouï*, c'est d'avoir ordonné, au mépris de toutes les lois de la grammaire, qu'on l'appelât *empereur* et non *impératrice*.

———

On considère maintenant en France, et avec raison, comme le complément nécessaire d'une éducation élégante, une certaine facilité à manier ce qu'on est convenu d'appeler le style épistolaire. En effet, le genre auquel on donne ce nom, — s'il est vrai que ce soit un genre — est dans la littérature comme ces champs du domaine public que tout le monde est en droit de cultiver. Cela vient de ce que le genre épistolaire tient plus de la nature que de l'art. Les productions de cette sorte sont, en quelque façon, comme les fleurs qui croissent d'elles-mêmes, tandis que toutes les autres compositions de l'esprit humain ressemblent, pour ainsi dire, à des édifices qui, depuis leurs fondements jusqu'à leur faîte, doivent être laborieusement bâtis d'après des lois générales et des combinaisons particulières. La plupart des auteurs épistolaires ont ignoré qu'ils fussent auteurs; ils ont fait des ouvrages comme ce monsieur Jourdain, tant de fois cité, faisait de la prose sans le savoir. Ils n'écrivaient point pour écrire, mais parce qu'ils avaient des parents et des amis, des affaires et des affections. Ils n'étaient nullement préoccupés, dans leurs correspondances, du souci de l'immortalité, mais tout bourgeoisement des soins matériels de la vie. Leur style est simple comme l'intimité, et cette simplicité en fait le charme. C'est parce qu'ils n'ont envoyé leurs lettres qu'à leurs familles qu'elles sont parvenues à la postérité. Nous croyons qu'il est impossible de dire quels sont les éléments du style épistolaire; les autres genres ont des règles, celui-là n'a que des secrets.

Paris.—Imp Bonaventure et Ducessois.

LIBRAIRIE J. HETZEL, 18, RUE JACOB, PARIS.

Volumes illustrés

Cinq semaines en ballon, par JULES VERNE. Illustrations par RIOU. 1 vol. in-8. Relié, 10 fr.; broché...................... 6 fr.

Histoire d'une Bouchée de pain, par JEAN MACÉ; illustrée par FROELICH. 1 vol. in-8. Relié, 10 fr.; broché............ 6 fr.

Aventures de Jean-Paul Choppart, par LOUIS DESNOYERS. Nouv. édit. illustrée par GIACOMELLI. 1 vol. Relié, 10 fr.; broché.... 6 fr.

La Tasse à thé, par A. KARMPFEN; illustrée par WORMS. 1 vol. Relié, 10 fr.; broché. 6 fr.

Histoire d'un Aquarium et de ses habitants, par ERNEST VAN BRUYSSEL. Illustrations par BECKER et RIOU. 1 vol. grand in-8.. 6 fr.

Lili à la campagne. 24 dessins à la plume par L. FROELICH. Texte par P.-J. STAHL. Volume-album grand in-8............. 5 fr.

Alphabet de Mademoiselle Lili. 30 dessins par FROELICH. Volume-album grand in-8. 3 fr.

NOUVELLES ÉDITIONS :

Contes du petit Château, par JEAN MACÉ; illustrés par BERTALL. 1 beau vol. Relié, 10 fr.; broché..................... 6 fr.

Picciola, par XAVIER SAINTINE. 39e édition, illustrée à nouveau par FLAMENG. 1 vol. Relié, 10 fr.; broché............... 6 fr.

Magasin d'Éducation et de Récréation, dirigé par JEAN MACÉ et P.-J. STAHL, avec la collaboration de nos écrivains les plus distingués, et illustré par nos principaux artistes. — La 1re année forme 2 vol. in-8 jésus, contenant chacun environ 200 gravures. — Chaque vol. broché, séparément 6 fr.; cartonné doré................ 8 fr.
—3 volumes sont en vente : les 3 volumes, brochés, 18 fr.; cart. dorés............. 24 fr.

La Comédie enfantine, par LOUIS RATISBONNE. Riche édit. illustrée par GOBERT et FROMENT. Ouvrage couronné par l'Académie. — 5e édition (1re série). 1 vol. Relié, 14 fr.; broché... 10 fr.

Nouvelles et dernières scènes de la Comédie enfantine, à l'usage du second âge, par LOUIS RATISBONNE; illustrées par FROMENT. Riche édition pareille à la première série. Gravures à part, d'après Froment, tirées en couleur. 1 beau vol. sur vélin (dernière série). Relié, 14 fr.; broché........................... 10 fr.

Les Enfants (le livre des Mères et des jeunes Filles), par VICTOR HUGO; la fleur des poésies de Victor Hugo ayant trait à l'enfance, illustrée par FROMENT. 1 vol. gr. in-8. Relié, 15 fr.; broché. 10 fr.

Théâtre du petit Château, par J. MACÉ. 1 beau volume sur vélin, illustré par FROMENT. Relié, 10 fr.; broché........................ 6 fr.

L'Arithmétique du grand Papa (Histoire de deux petits marchands de pommes), par JEAN MACÉ. Illustr. de YAN'DARGENT. 1 vol. Relié, 10 fr.; broché............................. 6 fr.

Les Aventures d'un petit Parisien, par ALFRED DE BREHAT. 1 beau vol. in-8, illus. par MORIN. Relié, 10 fr.; broché................. 6 fr.

Les Fées de la Famille, par Mme S. LOCKROY. 1 beau vol., ill. par DE DONCKER. Relié, 10 fr. broché................................. 6 fr.

La vie des Fleurs, par EUGÈNE NOEL. Illustrations de YAN'DARGENT. 1 vol. Relié, 10 fr.; br. 6 fr.

Le nouveau Robinson suisse, par EUG. MULLER et P.-J. STAHL; illustrations de YAN'DARGENT. 1 vol. grand in-8. Relié, 10 fr.; broché...... 6 fr.

La belle petite princesse Ilsée, par P.-J. STAHL, illustrée par E. FROMENT. Jolie édit. gr. in-8. Relié toile, 7 fr.; broché................. 5 fr.

Fables, par le comte A. DE SÉGUR; illustré par FROELICH. 1 vol. Relié, 10 fr.; broché........ 6 fr.

Récits enfantins, par E. MULLER; illustré par FLAMENG. Relié, 10 fr.; broché............ 6 fr.

Les Bébés, par le comte DE GRAMONT, illustrés par OSCAR PLETSCH. 1 vol. Relié, 10 fr., broc. 6 fr.

Les bons petits Enfants, par le même. Vignettes par LUDWIG RICHTER. 1 vol. Relié, 10 fr.; broché................................. 6 fr.

Le petit Monde, par CHARLES MARELLE. 1 volume illustré. Relié, 10 fr.; broché............ 6 fr.

La Journée de Mademoiselle Lili. Joli album illustré par FROELICH. 7e édition. Cartonné.... 3 fr.

Les Aventures du petit roi Saint-Louis devant Bellesme, par PH. DE CHENNEVIÈRES. 1 joli vol. gr. in-18, en caractères elzéviriens italiques, imprimé en deux couleurs................ 5 fr.

De la Terre à la Lune, trajet direct en quatre-vingt-dix-sept heures treize minutes vingt secondes. 1 vol. par JULES VERNE........... 3 fr.

Histoire d'une Chandelle, par FARADAY, traduction de W. HUGUES, avec notice biographique et notes sur les divers modes d'éclairage, par H. SAINTE-CLAIRE DEVILLE, de l'Institut. Illustration par JULES DUVAUX. 1 vol.......... 3 50

Histoire naturelle et Souvenirs de Voyage, par F. ROULIN, de l'Institut. 1 vol.......... 3 fr.

Géographie physique, par le commandant MAURY; traduction de ZURCHER et MARGOLLÉ. 1 vol. avec carte..................... 3 fr.

De la Physionomie et des Mouvements d'expression, par P. GRATIOLET, professeur à la Sorbonne. 1 vol. orné du portrait de l'auteur. 3 50

Un Habitant de la planète Mars, par H. DE PARVILLE, illustrations de RIOU. 1 volume....... 3 50

Aventures de Terre et de Mer, par le capitaine MAYNE-REID, traduction par E. ALLOUARD, illustrées par RIOU. 1 vol................ 3 50

Les Fondateurs de l'Astronomie moderne, Copernic, Tycho-Brahé, Kepler, Galilée, Newton, par JOSEPH BERTRAND, membre de l'Institut, 1 vol. (3e édition).............. 3 fr.

www.ingramcontent.com/pod-product-compliance
Lightning Source LLC
Chambersburg PA
CBHW060721050426
42451CB00010B/1556